JN321498

政治の終わり、政治の始まり

ポスト小泉から
政権交代まで

御厨 貴

藤原書店

政治の終わり、政治の始まり——目次

本書関連年表（2005〜2009） 6

序 政治の終わり、政治の始まり 11

I 安倍晋三政権——イデオロギーの空転

小泉政権が破壊した政策決定システム 45
イデオロギーへのこだわり——安倍晋三『美しい国へ』を読む 48
「若さ」を武器にできるか 53
安倍晋三と小沢一郎——政権交代は現実になるか 60
安倍晋三の「保守」とは何か——戦後保守政治家の思想的系譜 63
政治体験なき首相の非力 82
イデオロギーへの傾斜と政策決定システムの不在 85
責任をとらない総理大臣——小泉時代から続く政治の破壊 88

出処進退を誤った政権の「集大成」――内閣改造直後の「投げだし」辞任　93
「政治の崩壊」か「政治の再生」か　96

II　福田康夫政権――末期自民党政治の「小春日和」

「政治再生」への礎――「暗黙知」の回復と再創造　105
「民主党のねじれ」と「大連立」の誘惑　113
「衆参のねじれ」の真の問題――憲法の「運用」能力の喪失　126
存在感を失う公明党――長すぎた連立与党時代　129
政治家育成システムの崩壊――小泉改革の負の遺産　134
首相になりきれなかった首相――人材払底する自民党　144
「戦後」という物語からの解放――「政治の崩壊」を超える方途　147

III 麻生太郎政権——グッドルーザー

脱「戦後民主主義」のかたち——麻生・自民と小沢・民主 155

「強い首相」と「機能する国会」——「戦後」を超える原点としての戦後憲法 158

「二大政党」は可能か——政党への信頼回復に向けて 162

「変化」のかたちを創り出せるか——政党・政治家・マスメディアの役割 165

自由民主党の終わり方——「健全野党」という可能性 174

小沢一郎の見果てぬ夢——『日本改造計画』の未完の一章 189

小沢一郎の二十年——破壊の末に何があるか 192

麻生太郎、唯一の決断——「解散告知」とグッドルーザーへの道 195

責任と出処進退と——自民党再生への道 202

求められる「健全野党」——元首相・細川護熙の眼 206

「自民党的なる日本」の崩壊――民主党圧勝の先にあるもの　210

終　「壊死」した国家を再生できるか――明治維新の原動力を振り返る　217

〔附〕宰相の器を問う〈連続インタビュー〉
中曽根康弘／塩川正十郎／渡邉恒雄　聞き手＝**御厨貴**　235

歴史と現代の往還――あとがきにかえて　277

初出一覧　284

(2005 ~ 2009)

	自由民主党	民主党
9・26	**福田康夫内閣発足**	
11・2	福田・小沢の党首会談。「大連立」が議論されるが，民主党内の反対で決裂	
11・4		小沢一郎代表，辞任表明（大連立騒動）。党内の慰留を受け撤回
■2008		
1・11	新テロ特措法，衆議院再議決で可決	
3・19	福井俊彦日銀総裁，任期満了退任。総裁人事案に対する野党不同意のため総裁が空席に（～10月）	
7・7	北海道洞爺湖サミット（～9日）	
8・2	福田改造内閣発足	
9・1	福田首相，辞任表明	
9・18	太田誠一農水相，辞任（事故米事件）	
9・22		小沢一郎代表，無投票で三選
9・24	**麻生太郎内閣発足**	
9・28	中山成彬国交相，辞任（三里塚闘争「ゴネ得」発言）	
10・30	追加経済対策で「定額給付金」	
11・14	ワシントンで金融サミット（～15日）	
■2009		
2・17	中川昭一財務相，辞任（G7での「もうろう会見」）	
5・11		小沢一郎代表，辞任（西松献金問題）
5・16		鳩山由紀夫，代表に選出。小沢一郎筆頭代表代行，岡田克也幹事長，菅直人代表代行
6・12	鳩山邦夫総務大臣，辞任（日本郵政社長人事問題）	
7・8	伊ラクイラ・サミット（～10日）	
7・12	東京都議選で自民党が38議席に激減，民主党は54議席に躍進し第一党に	
7・13	麻生首相，衆議院の解散を告知	
7・21	麻生首相，衆議院解散	
8・30	第45回衆議院議員総選挙。民主党が308議席獲得，自民党は119議席に激減し結党以来初めて衆議院第一党の座を失う	
9・15		小沢一郎，幹事長に就任
9・16		**鳩山由紀夫内閣発足**

本書関連年表

	自由民主党	民主党
■2005		
8・8	小泉純一郎首相，参議院での郵政民営化関連法案否決を受け衆議院解散（郵政解散）	
9・11	第44回衆議院議員総選挙，与党（自民・公明）が327議席獲得，民主党は113議席と大敗，岡田克也代表が辞任表明	
9・17		前原誠司，代表に選出
9・21	第三次小泉内閣発足。10・31同改造内閣発足	
■2006		
3・31		前原誠司代表，辞任（偽メール問題）
4・7		小沢一郎，代表に選出。菅直人代表代行，鳩山由紀夫幹事長
9・12		小沢一郎代表，無投票で再選
9・26	**安倍晋三内閣発足**	
12・14	郵政造反議員11人が復党	
12・15	改正教育基本法成立	
12・28	佐田玄一郎内閣府特命担当相，辞任（事務所費問題）	
■2007		
1・9	防衛庁が防衛省に移行	
2月	「宙に浮いた年金記録」の問題が国会で指摘される	
5・14	国民投票法成立	
5・28	松岡利勝農水相，自殺（事務所費問題）	
6・6	独ハイリゲンダム・サミット（～8日）	
7・3	久間章生防衛相，辞任（原爆投下「しょうがない」発言）	
7・29	第21回参議院選で自民党が37議席の惨敗，60議席を獲得した民主党が参議院の第一党に（衆参のねじれ）	
8・1	赤城徳彦農水相，辞任（事務所費問題）	
8・27	安倍改造内閣発足	
9・10	安倍首相，第168臨時国会で所信表明演説	
9・12	安倍首相，辞任表明	

政治の終わり、政治の始まり

ポスト小泉から政権交代まで

故　佐藤誠三郎先生に
亡くなられて十年の歳月を偲び、
「現代を語れない者は失格です。
まして現代に興味をもたない学者なんて言語同断です。」
との言をあらためてかみしめつつ。

序　政治の終わり、政治の始まり

自民党政治の終わり方

一九九三年の小沢マジック

一九九三年に、ハプニング的ではありましたが、突然細川政権ができて、自民党が野党になりました。とはいえ八党派連立でしたし、自民党は第一党で、一番減っても二百二十議席台というところでしたから、逆にあれで非自民の連立政権が出来てしまったのは、一種の小沢一郎のマジックでした。つまり相当無理をして作った政権であることは間違いないわけで、内部に対立要素を抱えていました。八党派のなかで一番数が多かったのは七十を超えていた社会党で、小沢の新生党なんて五十人くらい。そういう団子状態のなかで、いろいろ争いがあって、とにかく政治改革はやるということで、小選挙区比例代表並立制の導入だけはやったものの瓦解しました。それからごく短命だった新生党の羽田政権を経て、そのあと、社会党を首班とする自・社・さ連立の奇妙な政権ができる。この間の細川・羽田・村山というのは、異常な形の連立政権であったわけですね。

このとき社会党は、まず細川政権で小沢に抱きつかれて、「安保を認めないなどの左派イデオロギーは捨てて、俺たちに付いてこい」という形でごりごりやられた。それが嫌で飛び出して、自民党と一緒になって自・社・さ政権をつくったわけですが、そうしたら今度は「総理大臣を出せ」となって、総理大臣を出したら出したで、安保を認めないわけにはいかなくなりました。それで、村山が総理大臣として安保を認め、日本のこれまでの日米関係を含めた外交を肯定し、社会党の本来の路線は完全に失われることになります。

そして、五五年体制と言われていた自由民主党と社会党の二つの与野党による体制のうち、社会党がまず最初に滅びるという状況になったわけですね。一方、その後の自民党はしたたかに、とにかくどこと組んでも野党にはならない、つまり与党でありさえすればいいという形をとりました。ですから、新進党崩壊後は小沢の自由党と組んで連立を試み、その自由党との連立から今度は公明党と連立し、そして自公連立政権となって十年やってきたわけです。

しかしそれは、自民党の党としての衰退を食いとめるには至りませんでした。公明党が票を補完してくれるというだけの関係ですから、公明党が下がれば、自民党もそれに従って下がりますし、自民党があまり頑張らなくても公明党から票がもらえるということで、集票の構造がおかしくなっていきました。

人材が払底していた自民党

二〇〇一年に小泉純一郎が総裁になって、一時的に自民党は元気になったように見えました。しかし実際にはそれ以前に、もう自民党の人材も払底していたのです。自・社・さ政権のときの橋本龍太郎が田中派の最後のプリンスでしたが、この橋本が参議院選で敗れた瞬間に、生き残っていた竹下登は、これを自分の最も可愛がっていた小渕恵三に取りかえました。小渕政権はそれなりに頑張りましたが、小渕自身の肉体的生命がついえた。その次の森喜朗政権は、中継ぎ役の政権であって本格政権ではない。では、次に本格政権が来るのかといったら、もう来なかったわけです。

森内閣は、小渕内閣以来の大蔵／財務大臣に宮澤喜一という元総理大臣を据えている。また、外務大臣には河野洋平という、唯一総理大臣になれなかった自民党の元総裁を据え、その上に森内閣は最終場面で、橋本龍太郎元総理を行政改革担当の大臣で入閣させた。つまり元首相、元総裁を三人も入れなければ成り立たない程度に、人材がいなくなっていたのです。

次の総裁選が一番象徴的ですが、旧田中派は再び橋本龍太郎を候補にした。元総理を総裁候補に担がなければいけないほど人材は払底していたわけです。

小泉純一郎の奇手・妙手

このときに立候補した小泉純一郎というトンデモ男が、総裁になってまた一つのマジックが起きます。彼は、数の上では圧倒的に少数で、自民党の中でもほとんど手下がいない。彼の出身である森派でも、彼をどこまで支えるかは問題になったわけです。その彼が政権を維持していくために使ったのは、非常にトリッキーな方法でした。

「自民党をぶっ壊す」と言って、彼が総理大臣としてまずやったのは、いろいろなポストからの田中派の徹底的な締め出しです。そして自分の子飼いである非議員の大臣を五人も据えました。そのうち最後まで生き残った一人が、竹中平蔵です。こういう奇手、妙手を使って、それまでの自民党では当然踏むべき「党内文法」を全部無視していく。その姿が非常に格好いいと見られたがために、参議院選挙では結局勝ってしまうわけです。そうすると小泉を引き下ろす理由がなくなりますから、それから小泉政権は長く続いていくことになる。

また、田中真紀子を外務大臣に使いました。田中真紀子は、これはこれで外務省の中をめちゃくちゃに崩壊させます。田中真紀子には、小泉と合わせる意図はなかったでしょうが、彼女が前に環境庁長官だったときに同じように環境庁を壊した「実績」があるわけですから、彼女を外務大臣に据えれば、当然また壊される可能性があったわけです。そのようにして、あの内閣は自分が持てるものを壊してみせ、そのことによって大衆の喝采を受けるということを癖のようにしてその後進んでいく。

ただし、田中真紀子が行き過ぎたということになれば、すぐに彼女を切る。切っておいて、今度は突然、小泉本人が北朝鮮に飛ぶ。田中真紀子で失敗したというのではなくて、北朝鮮問題に大衆の目を向けることによって、外交的にはうまくやっていったわけです。

世論調査政治

このように小泉は、折々に、世論調査に向けて何か見せ場をつくるということを必ずやりました。最近のメディアは人気度調査のようにしょっちゅう世論調査をやりますから。問題が出てきた場合には、世論調査の結果を見て、党内に反対があっても小泉はやるんだという姿勢を見せ続けていくわけです。これは、道路公団民営化の問題もそうでした。その行きつく先が、例の郵政民営化であったわけです。

郵政民営化の場合も、実は党内のほとんどが反対でした。それを最終的に賛成へと転がすために、すべて世論調査を有効利用するわけです。本来、票と議席を持っているのは反小泉の勢力ですが、小泉から「じゃあ結構です、解散しますよ」と言われた瞬間に彼らは震え上がる。いま解散したら、小泉の味方をしているマスコミが間違いなく自分たちをたたくだろうから、自分たちは負けるだろう、と思いこむ。そうなると、どんどん後退していくという現象が起きるわけです。

一方で竹中が、経済財政の自由主義的な改革をやっていく。これもある種の秩序を壊していったことは間違いない。経済秩序が壊れ、自民党の秩序が壊れる。

郵政選挙の本質

だからあのとき、本当に小泉は自民党を壊したんです。四年前の郵政解散で自民党を勝たせたのが彼の功績と言われていますが、あれで自民党は、風船が過剰に膨れ上がった状態になった。だから実は、プシュッと針を刺せば、あるいは針を刺さないでも周りの空気が冷たくなれば、ボンッとバルーンは破裂してしまうという状況にまで実は行っていたということなんですね。そのことに、みんな気がつかなかった。あれで、自民党は息を吹き返したんだ、と錯覚してしまった。

しかし、小泉はそれまでの自民党の地盤、特に田中派がつくってきた土木事業の地盤は全部削ろうというわけですから、自民党の組織はつぶれている。しかし郵政解散のときには、刺客を立てたりして、うまく自民党の方に票が行くように仕組んだものですから、自民党は勝った。つまり、彼は自民対民主の戦いになった場合には危ないと見たものだから、自民党の中の戦いを大きくしてみせて、自民党の中の自分たちに賛成する方に投票してくれたら、その票が生きるけれど、民主党に投票したって死票だよという形をつくった。そういう意味で彼は、小選挙区制というものを非常によくわかっていたわけです。

自民党候補を二人、つまり小泉チルドレンと言われている連中と、反小泉を立てて争いを演出すると、同じ選挙区の民主は弾き飛ばされる。二人が争って、チルドレンが勝つ場合もあれば、逆に反小泉が競り勝って「チルドレンを落として勝った」という場合もある。その効果絶大で、チルドレンがいないところでも、自民が民主に競り勝っている。

これが四年前の総選挙の姿であって、実はこれによって自民党は、ほぼ終焉を迎えました。同じ手法をもう一遍やったら危ないということを、一番よく知っていたのは小泉純一郎でした。だから、勝った瞬間に彼は、自民党の総裁任期はあと一年だからといって総理大臣も一年しかやらなかった。あれだけ大勝したら、議会制民主主義では普通の総理大臣はやめない――当然やめてはいけないんです。有権者は圧倒的多数で小泉を支持したんだから。総裁任期が残り一年であっても、総理大臣の任期はもっと長いわけだから、本来ならば彼はやらなくてはいけなかった。でも彼自身、もうやることがなくなっていたわけです。

小泉は総理大臣を五年五カ月やりましたけど、最後の一年は、実は何もしていない。自由主義的な改革についても、閣内に与謝野（馨）というむしろストッパーになる人を入れたりして、先に進まないようにしています。それ以外でも憲法改正問題も何も全部投げ捨てて、やらなかったわけです。

安倍晋三の無力

そこで彼が次に目を向けさせたのは、次期総裁はだれかということでした。総裁の候補者を出すことに意味があるとします。たちまちのうちにマスコミがつくり上げたのは「麻垣康三」――麻生太郎、谷垣禎一、それから福田康夫、そして安倍晋三です。こういう「にぎやかし」を一年間やったあげく、戦後派で岸（信介）の衣鉢を継いでいる安倍に政権を譲り渡して、彼は悠々とやめていく。小泉は安倍を育てたわけでも、何でもないんです。彼は、「小泉内閣を好きなようにウォッチングしてくれ」と、官房長官に安倍を据えたわけですが、車の運転と同じで、いくら見ていたって実地訓練をやらなかったらできるわけはない。畳の上の水練です。

だから安倍は、内閣を引き受けてから後、一度だって統治に成功しなかった。

安倍が、なぜ失敗したか。自分の親友と称される人を、官房長官以下いろんなポイントとなる職に補佐官的役割を期待して据えた。彼はそれで動くと思ったんですよ。しかし、安倍がリーダーシップを発揮しない限り、みんな動けるわけがない。それどころか、リーダーシップを発揮しないものだから、彼らが勝手に動き始めた。それで、教育基本法改正だけは実現しましたが、あとは見事に失敗した。

しかも安倍にとって不幸だったのは、次の総選挙で再び三百議席をとらなければいけないというハードルがあったことです。あのときに自民党がハードルを下げていればよかったのです。郵政選挙で勝ったのは異常なことで、次回は絶対に過半数少々まで落ちると最初から考えて、それを総裁は心配することはないんだ、とのコンセンサスをつくる。つまり小泉マジックから解放してやればよかったのに、みんな小泉マジックに目がくらんで、あの数を次回も維持しなければいけない、と思いこんでしまった。

私はあのとき内閣ができてすぐに、「参議院選挙より前に解散しろ」と言いました。総選挙で三百は割り込むけれど、それでいい。そこからスタートして次の参議院まで持っていけば、何ということはなかったんです。しかし自民党は三百に縛られて解散できず、あげくに参議院選挙で惨敗したわけです。

年金問題と「国家」への不信

もう一つ、安倍の任期中に浮上したのが、今日一番問題になっている年金記録問題です。「事務所費」問題など閣僚の不祥事が相次いだということはありますが、何よりも問題になったのが年金でした。

年金問題に関して言えば、私はあのとき、これは致命傷になると思いました。多くの人はそうでもなく、我々の政治学者のあいだでも、あんなものは参議院選挙が終わったら忘れる、と平気で言い放っていました。だから、「一年たったら全部解決すると自民党が大きい声で言っておけばいいんだ」という愚民観がほとんどでした。でも私が違うと思ったのは、年金の問題は税金の問題と決定的に異なるということです。税金は、増税にせよ減税にせよ、これからのことです。未来についての選択だから、幾らでも議論をして進めていくことができます。しかし年金は、既に払ってしまったものです。それも、二十年、三十年と営々として、国家がおかしなことをするはずはないとのあたり前の前提を信じて積み立ててきた。しかし、実はその台帳すらろくにできていなかったことが明るみにでたわけです。年金が正しくもらえない人もいるし、年金をもらえるかどうかということ自体、わからない事態になった。これはパニックですよ。年金のための源泉徴収を認めているのは、この国を信用しているからでしょう。それが、たまたまミスがあったというレベルではない。あんなに何万、何十万という数のミスが出てくるなんて思ってもいなかった。元々年金財政が危ないと言われていたところに、本当に危ないということが年金台帳という根本のところであからさまになるという体たらくですから、これは何だというふうに、みんな考え始める。

ある意味で安倍にとっては気の毒でしたが、安倍個人への風圧というよりは、日本国家がこれまで一体自分たちに何をしてくれていたのかという観点から、痛烈な根本的反省をする覚悟に国民は至ったんだと思います。「あれは菅（直人）が厚生大臣だったときだ」と自民党の政治家が言ったのは実に浅はかなことでした。菅がいたのはごく一時期で、五五年以後の自民党体制全部があのミスをずっと見過ごしてきたという、根本問題に国民の目がむいていることに、もはや自民党は完全に鈍感になっていました。そうすると、この国は一体どこを信用していいのかと国民はすべて思い始める。

これは相当危ないことになると思っていたら、やはり案の定でした。あそこに火がついてからは、介護保険然り、後期高齢者の問題然りで、この国はどうも自分たちに不利なことしかしないんじゃないかという不信が拡大してきます。

「不戦敗」という論理

しかも次に異常事態だったのは、参議院で惨敗したのに安倍はやめないと言い出したことです。つまり政治的な責任をとらないということを、はっきり表明したわけです。安倍がやめなかった「論理」はわかるんですよ。つまり、年金の問題は、それまでの歴代の内閣がやって来たことで、自分と関係ないんだから、何でそれでやめなくちゃいけないんだ、ということです。それから自分の内閣の大臣がいろんな失敗をしたのも、それぞれ大臣の問題であって、自分自身はまだ何も戦っていないんだというわけです。

安倍は総理に就任して以来、日本のマスコミには自重してほとんど言っていませんでしたが、『ニューヨーク・タイムズ』紙など外国のメディアのインタビューに応じて、非常にはっきりと自分の内閣の、ある種のイデオロギー的な課題を語っている。それは全て右派的な課題です。憲法の改正、自衛隊の自由な海外派遣、外国の軍との協力体制の整備――それらができないのは、要するに占領体制から日本が抜け出ていないからだ、ということです。祖父の岸信介的な言い方になりますが、彼が言ったのは「占領レジームからの脱却」ということでした。こういうイデオロギー的な課題を立てたのは、「戦後政治の総決算」を掲げた中曽根以来です。中曽根以来の右派的なイデオロギーで、彼は戦いたかった。

ところが参議院選挙では、そんなことで戦ってはますます不利になるということで口を封じられた。彼にしてみれば、自分が戦いたい主戦略で戦っていないのに負けたのだから、彼の頭の中では一種の不戦敗であり、自分は、本当は負けていないんだということになる。これは麻生にもつながる考えです。自分は、自分の考え方で戦ってはいないのだから、次の選挙に向けて戦線を立て直して今度は自分の戦略で頑張るんだ、ということになります。安倍があの参院選挙直後に絶対やめなかったゆえんです。

そしてこれまた情けない話ですが、安倍にそう言われてしまうと、長老の森元総理以下みんな「そうですか」といって、政治的な責任を負わせることを忘れてしまった。これこそが、それ以後の自民党総裁が一年ごとに目まぐるしく変わっていくという話の発端になるのです。

安倍は、その後一か月もしてから内閣改造をして、あげくの果てに、実にぶざまな形で総理大臣をやめます。あれは本当にひどい話で、あの内閣では全く危機管理ができていなかったことが明々白々になった。海外に行って興奮して、胃の持病が再発したのか何だか知りませんが、とても耐えられないというので、施政方針演説をやった後、野党の代表質問を受ける前に突然やめた。つまり、総理大臣としての引き際は、もうお話にならないほどひどかったのです。

だから、自民党政権の統治のシステムは、形の上で小泉がほぼ壊していて、かろうじてまだ残っていたものを安倍が完全に壊したんですよ。本来はあそこで政権交代があってしかるべきだったと思います。

福田康夫の投げだし

ところが自民党は、それでも生き延びようと考えますから、今度は「麻垣康三」のうちの「康」、福田康夫を選んできた。この人は、通常だったら総理になど絶対なれない人です。既に息子に譲って、次の選挙には出ないと言っていた人を総理大臣に据えた。これは、自民党にとって一種の「小春日和」でした。小泉や安倍はけたたましかったけど、福田だったら何とか一息つけるだろうという考えですね。これも全く党内論理です。それで、福田を総理大臣に据えた。

ところが、ねじれたままの国会をどうすることもできなかった。実は福田総理が就任してまもなくの民主党との大連立が失敗に終わったことで、ほぼ彼の政治生命は終りました。それから一年間、いろんなことをやろうとしましたけど、一つもうまくいかない。あげくの果てに彼も改造をやってすぐに、自分はとても総選挙に勝てるタマではない、次は総選挙に勝てるタマを据えてくださいという情けない言い方をして、これまた総理大臣を放擲するわけです。

麻生太郎の引き延ばし

そこにやってきたのが自民党最後の総理大臣、最後の与党総裁、麻生太郎でした。麻生があのときに選ばれたのは間違いなく、今だったら、まだ解散総選挙で細川のときぐらいは勝てる、つまり二百二十議席ぐらいはとれると言われていたからです。それだけとれば、ぎりぎりだけれども公明と連立すれば政権を保てる。だから顔を麻生にして、すぐに解散だとふんだわけです。一種の選挙管理内閣であり、閣僚にも、これがベストとは到底思えない人間ばかり据えた。ところが総理大臣になった麻生は、とたんに欲をかいた。どうせ敗れるんだったら敗れるまで少しでも長く総理大臣をやりたいという悪魔のささやきに彼は魅入られて、結局十月には解散しなかった。さらに九月に起こったリーマンショックを乗り越えるため、という大義名分を皮切りに、それから後の麻生というのは解散引き延ばしの大義名分探しです。

結局彼は、ある時期は、ほとんど外国の首脳がやってくるのを表敬として受けるか、あるいは自分の方が出かけるかというのを一週間ごとにスケジュールに入れていって、解散ができないように自分で仕組んでいくわけです。だからその後、麻生は、解散しようと本気で思ったことは恐らく一度もありません。そうなると、彼が何を決めてもみんな本気にしない。官僚に政策を出せと言っても、どうせ麻生のもとじゃ実施できないだろうなという作文にしかならない。外国の賓客を呼んでも、向こうも「この人はいつまで総理をやっているのかわからない」と見切られてしまう。ベネチアサミットに行ったって、彼が来年も来ると思っている人はだれもいない。そういう統治権者をよこす国というのは、いかがなものかという話に国際的にもなるわけです。

新しい政治は始まるか

二大政党制はまだ始まっていない

安倍で完全に壊れて、福田で無理やりつないだものの、麻生の時代というのは、本当を言えば自民党が政権をとっていること自体が犯罪的な時代だった。今回の総選挙で、あれだけの数で民主党が勝ったというのは、明らかにこの「自民党的なるもの」への全面的拒絶です。この三年間の体たらくもあり、また小泉についてはまだ評価が分かれていると思いますが、しかし営々として続いてきた五五年体制と言われるもの、その生き残りとしての自民党に対してとどめを刺す、投票による「静かな革命」であったと言わざるを得ない。

しかもそれは細川政権のときのような「コップの中の嵐」ではない。民主党は政権交代に向けて、少しずつ「牛の歩み」でこの十年やってきた。随分失敗もしましたし、つい数か月前にも小沢一郎が西松建設の問題で代表を辞任したにもかかわらず、それでも政権をとったということで、必然的にこれからは民主党の時代になるだろうと私は思います。

得票数から言えば、また次の選挙で自民党が頑張れば軽くひっくり返せるといった選挙分析や、これで自民党と民主党との二大政党制が始まったのだという見方がありますが、私はその見方をとりません。そもそも、二大政党制はまだ始まっていない。戦前の二大政党というのは、政友会も民政党も、いずれもそのスタートの時点で一度は政権をとっていますから、そこで二大政党による政権交代が始まるというのはわかります。しかし今回は、野党を十年やってきた民主党が政権がとれるかどうかを初めてテストされた結果、政権党になり、政権をとり続けてきて野党経験はほとんど持たない自民党が野党になったという話ですから状況はまったく異なるのです。

民主党政権がしばらく続いた後に、自民党の、あるいは別の新たな政党の政権ができれば、ようやく二大政党の政権交代が起きたと言えますが、そこに至っても、まだ二大政党システムになったとは言えないと思うんですね。だからこれは、二大政党制の成立では決してないし、民主党がちょっと失敗したら自民党が政権をとり返すというような話ではない。

「自民党的なるもの」へのパージ

私は今回の選挙前後に何度か使ったことばですが、この結果には「自民党的なるもの」に対する国民の嫌悪感、それをパージしたいという排除欲が強く現われています。だから政権をとった民主党が、仮に失敗をしたとして、では元の自民党政権がいいかと言われて自民党を見ると、そこには、解散できないで醜態をさらした三人の元首相が生き残っています。森（喜朗）がいて、小泉はうまいこと世襲を実現し――自民党をぶっ壊すという人が世襲をやってはいけないでしょう――、今度こそ引退するはずだった福田も当選していて、麻生太郎に至っては、もし他にいないならもう一度自分が総裁をやってもいいとか、とにかくとんでもない人たちが残っている。そういうKYの政党に私は新しい候補者が来るとも思わないし、そこで勝てるとも思わない。それを見た瞬間に、有権者はやはり嫌なものを見たという感じになりますから。

戦前の「二大政党」の実態

だからこれから後は、この民主党という、一皮むけばこれまたいろんなものを抱えている政権をじっくり見ていかなければいけない。四年はやるだろうと言われていますが、四年やるのは当然で、四年の間にもし好機があれば解散するでしょうし、四年任期満了後に選挙でもいい。民主党が一つの政権党におさまって、次なる政党との二大政党に進んでいくことを前提にするならば、鳩山さんがずっとやるかは別として、民主党政権は、とりあえず四年で終わらないんですよ。

イギリスなどを見てもそうですが、一つの政権は大体六年とか八年とか続きます。それで初めて一つの体制ができて、他方その間に野党はそれを倒す態勢を確立し、新しい政権党を目指す。サッチャーそしてメージャーの保守党政権時代の際、労働党はもうとても立ち上がれないほどの惨状だったのを、ブレアが頑張って保守党政権をひっくり返したというプロセスは、まさにそれです。サッチャーとその後のメージャーで十七年ぐらい政権をとって、ほとんど永久与党化していたものを、やはりイギリスというのは不思議なもので労働党が覆した。その以前もそうで、労働党も保守党も、政権をとれば四年などではなく八年ぐらい、場合によっては十年は続ける。その時間の長さの中でゆっくり変わっていくのが二大政党制であって、二年三年といった単位で頻繁に政権党が変わっていたら、戦前の日本のようになってしまって、政党のシステム自体が崩壊の危機に立たされます。

恐らく、戦前の政友会と民政党の政権交代を、二大政党による政権交代と言ったこと自体が今になっては間違いだったと私は思います。あれは、まだ二大政党制になっていない。非常に不安定な政党が交代していたというだけの話です。やはり、安定した政党によって交代していかなくてはいけない。つまり、システムにならなければいけないわけです。戦前の政党内閣の時代というのは、全体でわずかに八年で、しかもこの間にたしか五、六回交代している。だからこれはシステム化していたとは言えないわけです。

ですから、自由民主党というシステムがようやく壊れて、これから新しく民主党、そして民主党の向こうにまた新しい政党ができて、ようやくシステムになっていく。今回の選挙は、そういう意味での二大政党制への可能性が開かれたにすぎないのではないかというのが私の見通しです。

「イデオロギー」という問題

しかし、民主党政権の船出に際して、日本という国そのものをどうするかというビジョンは、まだ必ずしも明確に描かれているわけではありません。ただ、難しいのは、いままでの政党が、国家像なり、これからの私たちの生活はこうなるといった、かなり射程距離の長い課題設定をしたときには、必ずイデオロギーに足をとられるということがあった。

民主党自身、イデオロギーを言わないから成り立っている面があって、イデオロギーを言いだすと、おれは社会党だった、おれは民社だった、あるいは自民党だったというところが浮き出てしまう。だからイデオロギーの問題にならないように、事を解決していかなくちゃいけない。

今回の外交・安保の問題も、非常に難しい橋を渡っているわけです。本来なら意見が異なる社民を、抱き込まざるを得ない。恐らく昔の小沢一郎だったら社民と組むというのは本当に嫌だろうと思いますが、そこは忍耐強くなった。社民と組むことによって、三百八人の民主党議員の中の「左」を抑えるわけですよ。社民の主張はあまりにひどいんじゃないかという話にすれば、党内の「左」はおさまるわけですから。

逆にまた、安全保障の上で全く考えの違う国民新党の亀井静香が入閣しているのも、やはり彼がいることによって、民主党全体の中の彼に近い傾向をうまく抑えるようにしている。ともかく今はそういう火種が起きないようにしているわけです。

改憲論に現れた民主党の家族像

ただ、たしかに明確な国家のビジョンが出てこないと、この政権はいずれもたなくなると、私も思います。そのビジョンが出ているところが、一つあります。民主党と自民党が数年前に憲法改正の草案を出しましたでしょう。あのときに、あまり議論されなかったんだけど、あの両党の違いがよくわかる非常に面白い点があった。

民主党が考える人間社会を構成する最小のベースとしての個人――これを「市民」と呼びます――の基礎的組み合わせというのは「夫婦」なんですよ。夫婦が、両方とも職業を持っている。そこに子供ができると、その世話は、当然アウトソーシングすることになる。つまり保育園とか幼稚園といった乳幼児教育に対する公的な支援を考えるという話に当然になるわけです。

他方で、この夫婦のそれぞれの父母、つまり子供の祖父母の世代がいる。夫婦二人は働いているわけですから、この祖父母の世代の面倒を自分たちで見るのは最低限にしなくてはいけない。

そうすると、その介護をやはりアウトソーシングする。

そこで見えてくるのは、民主党は意外に「大きな政府」だということです。つまり幼小児教育や介護をアウトソーシングするというのは、そこに政府が金をかける、財政支出をするということですから。そこをどうするのかという問題がありますが、それはちょっと措きます。

分裂を抱える自民党の家族像

次に、自由民主党の憲法草案です。自民党は、いろんな葛藤はありますが、人間社会を構成する最小のベースとしての個人を「国民」と書きます。自民党の国民の基礎的組み合わせはというと、そこには夫婦と子供と祖父母世代が全部入っています。ということは、彼らの本音では、夫婦は子供をアウトソーシングせずに内製化して、自分たちできちんと育てなければいけない。もちろん幼稚園に入れるのは認めていますが、乳幼児の時代から保育園に預けて、というのはいかがなものか、と言うわけです。自民党の上の世代の議員たちは、母乳で育てましょうといった話に、基本的に賛成ですから。それから祖父母の世代についても、外に出して他人の手で介護させるというのではなくて、自分たちでできるところは可能な限り面倒を見ていく。働いている奥さんは、辞めてでも老親の面倒を見るのが当然ではないか、と思っています。自由民主党の憲法改正に出ているのはこういう家族観なんです。

実はこの点は、自民党の中で割れています。中曽根などの上の世代は当然そうだと思っていますが、舛添以下は、いくらなんでもそれでは困るだろうと思っている。今日まではその対立が出ないようにしてきました。ところが、今回の選挙でどうなったか。元総理を中心とする年長世代が残ってしまって、民主党に近いような考え方を持っている下の世代がみんな落選してしまった。そうすると「自民党はこれでまとまる」ということを何か一つ考えなければならない。だから安倍晋三が「今回の選挙が終わってすぐに自民党がまとまるとしたら、右派イデオロギーだ」と言ったのは象徴的です。彼はまだ、自分はイデオロギーで戦っていないと思い続けているわけですが、国家の問題、個人の問題、いずれも自分たちが抱え込むだけ抱え込んでいってきちんとやるのだというのが、右派のイデオロギーですから。

あぶりだされる民主党のビジョン

そうすると自民党が右派的なイデオロギーを強く出してしまうことによって、そのリアクションとして民主党が持っている何かが、影絵のように浮き出てくる可能性が非常にある。そういう点で言うと、敗れた自民党と、政権をとってまだビジョンが出てこない民主党というのは、かなり面白い位置関係にある。

日米関係についてもそうです。「市民」を中心とする民主党が考えているのは、アメリカにずっと支配されてきたのは事実だけれども、それに一度も抵抗しないのは変じゃないのというこ とです。アメリカに対して何か一言言うとか、これまでの仕組みを再検討するということが言えない状態はおかしいじゃないのというのが民主党です。自由民主党は、そんなこと考えたこともない。あの党は吉田茂以来、アメリカによって守られているというのが金科玉条、大前提であり、それを揺るがすようなことをしたら大変だという党です。一つ一つ、「市民」感覚と「国民」感覚とのある種の違いからにじみ出てくるところが、あると思う。

そこのところで、基本的に税金を安くしてほしいと思っている民主党の支持者は、民主党のモデルを進めていくと結構金がかかるということもわかってくるわけですね。それをどうやってまかなうか。しかし、いま民主党が打ち出している子供手当とか中学・高校の教育無償化は、実際にこのモデルなわけですが、意外に受けているという事実がある。中抜きの直接保障という点で、これは単なるバラマキではない。

変化は連鎖的に起こりうる

バラマキと批判されている部分に関して言えば、自由民主党がやるときは必ずそれを分配するためのアソシエーション、外郭団体をつくります。そこに理事が置かれ、給料を取りますから、ピンはねしてしまう。ところが民主党が今やろうとしているのは直接給付ですから、そういう余分なものを介さない。つまりこれ自体が、一つの制度改革でもあるわけです。だから将来的な展望はまだ見えてこないし、それは当然つくらなくてはいけないけれども、既に現段階でも自民党と民主党のやり方は違うんだということがわかってきている。

それ以外にも、日本社会の随所に「自民党的なるもの」を前提とした、ある種の「慣習」が組み込まれています。すぐに思いつくものでも、財界を通じた企業献金、記者クラブ制度、あるいは農協や、東大を中心とする大学システムなど、いくらでもある。たとえば記者会見の自由化は、政党とメディアの関わり方も大きく揺さぶるでしょうし、そもそも、自民党の有力議員とのパイプに頼っていた各紙の政治記者がその武器を失えば、政治報道のあり方自体が変更を余儀なくされるでしょう。そうした変化が連鎖的に起こることで、表向きの制度の変更から想像される以上に大きく社会が変化する可能性は十分にあるわけです。

官僚との対決の「立体化」

官僚との対決について言えば、政権をとってみて、あるいは政権をとる前の移行過程から、民主党が賢いなと思ったのは、官僚といっても各省によって重みの差をつけたことです。財務省と外務省はまず取り込んだ。いま取り込んでもらえていないから、いらいらしているのは経産省です。そして、間違いなく「敵」とみなされて、多分これからぎゅうぎゅうの目に遭わされていくのは国土交通省と厚生労働省、農林水産省です。つまり、差異化したわけです。官僚軍団を全部一体として敵に回すという浅はかな議論があったけれども、そんなことはしない。政権党としては、一番大事な外交と財務のところは味方になってもらい、彼らをこっち側にしたうえで、他の省を攻めていくというやり方です。しかも、国交、厚労、農水の三つは、これまでの自民党政権の中で一番問題だったところですから、そこを攻めていく。

もちろん、外務だって安全かというとそうでもなくて、「密約」その他、前提にしてきたことについては洗い出しますよという脅しをかけながら味方にしている。財務に対しても小泉路線をずっとやるんだったらやめてもらいますよと脅しをかけている。相当、頭がいいですね。完全に官僚の中を割った。やはり財務とか外務という官僚は、他の省庁よりは頭がいいと思っている連中ですよ。そのエリートを取り込んでいる。

自民党が行政改革をやって、省庁の数をかなり減らしたことで巨大な省が生み出されているので、かえって、攻めていくには非常にやりやすい状況になってしまった。たくさん省があったら、そうはいかない。だから民主党と官僚との戦いというのは、単なる平場での戦いではなくて、意外に立体化した戦いになっている。

鳩山の献金問題

もちろん、民主党自身が抱える問題点もたくさんあります。第一は、まず鳩山個人の問題で、あの政治献金疑惑をどうするのか。これはマスコミもダメだと思いますが、選挙で民主党が圧勝と決まった瞬間に、もう彼の献金問題についての報道はほとんどない。唯一それを出したのは、『読売新聞』ぐらいです。死人が献金しているというのですから、ある意味で、小沢の西松建設の問題よりも悪質です。それを鳩山が知らないとは言えない。だから金銭問題の扱いに関して、鳩山にはちょっと危ないところがあると私は思うので、これからそれをどうするのか。その問題はおそらく検察とのあいだですぐに出てくると思います。

ただ、あの党はスペアがいっぱいいますから、もし鳩山がだめな場合は違う総理でつなぐことは当然できるでしょう。しかし、もし彼がやめることになれば、それは相当程度、民主党にとっての強いダメージになると思います。ですから、この問題は看過できない。

労組問題というアキレス腱

もうひとつ、あの党が危なくなるとしたら組合勢力の問題です。基本的に民主党を支えるのは組合勢力です。ものすごい革命的な労働組合とは言いませんが、労働組合を経験した人たちが一定の勢力を持っていることは事実です。この人たちは、中曽根の国鉄分割民営化以来ずっと敗北状況に置かれ、逼塞させられてきた。しかも、「春闘」がもう問題にならないぐらいだめになった。つまり「資本と労働」という言い方が死語と化したと言われるような状況にまでなっていたのが、ここにきて形勢逆転したわけです。横路孝弘がなぜ衆議院議長になるかというと、そういう連中のボスだからで、彼らを抑え込むためには、横路がいいというわけです。渡部恒三の方が面白いと思いますが、渡部恒三を衆議院議長にしたからといって、抑え込めるものは何もないですから。かつて細川政権のときに土井たか子を衆議院議長にしたようなものです。

一旦は死火山になった組合勢力が、十五年前、二十年前と同じ形で生き返るとは思いませんが、自分たちに利益を配分すべきだという彼らの主張が力をもって、ある種の利益団体化していく可能性はないとは言えない。自民党が官僚や公共事業の受け皿としてつくってきた利益団体に代わって、組合勢力が利益の構造の中に入ってくる可能性は、私は十分にあると思います。

その利益欲求が表面に出てきたとき、この党は分裂の危機に陥る。労働組合の党とそうではない党とに、二分化するのか。またそれを契機に、さらにイデオロギーも含めて割れることになるのか。先ほど私は、イデオロギーについていま言うとこの党は危ないと言いましたが、イデオロギーと利益の両方が危機の契機となりえます。

「政治」崩壊の危険

もしそれで民主党がぐちゃぐちゃになったりすると、自民党と置き換わっただけで、やはり構造的に見たら、政党というのは民主党だろうが自民党だろうがやることは同じだね、と国民はげんなりするでしょう。そういう国民の視線が出てきたときに、本当の意味での政治へのシニシズム、「政党政治」へのある種の絶望感を国民が持つことになる。だからそのときは二大政党もへったくれもない。この国家が、次にだれに統治を委ねることになるのか、わからないと思います。今はまだ「御祝儀相場」ですから私もあまり言いませんけれども、実はその可能性はあるんです。

そうした「政党政治」の危機に備えて、我々は何ができるのか。そうすると、百年前に政党政治の腐敗を批判し、「政治の倫理化」をかかげた後藤新平が思い起こされます。たしかに似たような状況があります。しかし、政党に代わる統治の主体はそう簡単に生まれるものでもない。後藤新平が考えていたように、そういうことに目覚めた人がお互いに紐帯をつくって、国家を超えるような一つの大きな動きの中で政治の主体となればいいという話には、恐らく簡単にはならないと思うんですね。

地方分権と「自治」の可能性

そこでひとつ可能性があるのは、地方分権です。この国は、いずれにせよもう財政的に破綻状況に近いわけですから、その財政破綻を幾らかでも処理してやっていくとなれば、一つは地方分権を徹底的に進めて、地方に下ろせるものはみな下ろしてしまう。そして、自分たちの地域の政治は目に見える範囲にあるということを、やはり人々に自覚せしめる。ヨーロッパやアメリカのタウンミーティングではありませんが、自分たちのことは自分たちでやるという範囲のところまで、権限も財源も落としていく。そういうことが、一つあるでしょう。そこで生まれてくるのが「自治」ですよ。

そして、前から申し上げていることですが、中央の官僚にもみんな地方を選ばせてはどうか。国家の基本官僚として、防衛とか外交とか財政の根幹は残すとしても、それ以外の多くの役人は全部「下放」する。それで役人自身が選ぶわけです。たとえば、おれは故郷の徳島に帰って、徳島県のために尽くしたいと思えばそこへ帰れ、と言うわけです。あるいは出身は鹿児島だけど、そこには戻りたくないというのだったら北海道に行くとかの道もあります。それを役人自身が選んで、自分たちが行って良くする。そうした競争が生まれて、地方は生き返ると思うんです。だから、地方分権は何らかの形で進めなくちゃいけない。

ここでいう地方分権が、アメリカ型の連邦国家とちがうのは、アメリカの場合は各州の自治は許されていますけれども、やはり国民の出自も多様で、ナショナルなものに対する統合を一生懸命やらなければならない国です。日本の場合はナショナルな統合というよりも、やはりこれまでみんなが見捨ててきた地域に立ち返るべきでしょう。みんなが中央に集まり過ぎていたわけですから、いま言ったように、人材も金もどんどん地方に還元する。

その具体的なシステムについては、広域自治体がいいのか、それとも民主党が言っているように基礎自治体がいいのかという問題は、これから議論しなくてはいけないところです。しかしいずれにせよ、そういうふうに形を変えなければいけない。形を変えれば、私は随分違ってくると思う。とにかく、国全体のことを考えると称している人たちが多過ぎるわけですから、これを目に見えるところに戻す。そうすると、実際に県議会、市町村議会議員のレベルも上がりますよ。今みたいな地方議員は、要らないですから。

政党も、ある意味で地域政党化する。もちろんナショナルなことについては協力するけれども、この地域についてはおれたちに任せろみたいなこともありうる。そういう形の変化は、私はあって当然だと思います。そしてそうした変化の訪れは、案外早いかもしれないと思うのです。

I

安倍晋三政権——イデオロギーの空転

小泉政権が破壊した政策決定システム

小泉政権は、いよいよ五年半の長きにわたる〝活劇〟の幕をおろす。二十一世紀初頭のこの政権は、「改革」という名の下に、日本社会を大きく変えた。二十世紀の遺産を破壊し尽くした感さえある。道路公団民営化だの、郵政民営化だの、金融改革だの、個々の政策の成果について議論してみても始まらない。小泉政権は、そもそもの政治や外交や経済の土台になっている「社会」を明らかに変えたからだ。それは政治や経済の改革そのものではなく、改革の手段において小泉政権が破壊的だったことを意味する。これで二十世紀の日本の特質だったネマワシ談合社会は回復不能のダメージを負った。それは政府・与党の政策決定システムの枠を越え、大衆を巻き込んだ意思決定でもあった。

それだけではない。二十世紀末にすでに生じていた人と人とを結ぶネットワークのバーチャル（仮想世界）化が、小泉政権になってますます進むことになった。そこでは、AをとるかBをとるかに際して、ヒダのある議論がなくなる。つまり、人間味といった要素がなくなり、勝つか負けるかの荒涼たるシーンだけが残る。

集団主義から個の確立へと二十世紀日本の課題だったものが一挙に実現してみれば、本当に個しか存在せず、それが無媒介に、ぎりぎりと音を立ててぶつかりあっている。政治の世界のみならず、社会における意思決定にすべてこのような風潮が生じている。

確かに小泉首相の決断は、自信たっぷりに見える。郵政民営化解散の時も、靖国神社参拝の時も、その断定的口調に少しのゆるぎもなかった。オレが解散と決めたから解散だ。オレが参拝と決めたから参拝だ。そこには説得も妥協も、果ては調整もない。しかし、この小泉流は、小泉首相に多分に属人的なものではなかったのか。

過去半世紀の自民党政権の垢《あか》や澱《おり》を流し去る限りにおいて、有効だったのではないか。小泉劇場に国民が快哉を叫んだのも、そこに意味を認めたからではなかったか。

だが、小泉流意思決定が社会の質を劣化させた側面を見逃すわけにはいかない。今やあちこちで本音丸出しの居直ったような〝小泉さん〟が闊歩している。では彼らは信念をもって〝小泉さん〟になっているのかと言えば、決してそうではあるまい。むしろ〝小泉さん〟を演じるのが、当面楽しいからにほかならない。一寸先は闇なのだから時めいている時だけは勝手にさせてくれと言うことかもしれない。

ビジョンとか中長期的計画とか、将来を見据えた思考が置き去りにされてしまった。今を生きる「小泉流」に、射程の長い発想はそもそも無縁だ。いやそんなことはないという声があるかもしれない。憲法改正を見よ、女帝論活性化を見よ、ひいては靖国参拝と戦争責任論を見よ。

あたかもパンドラの箱をあけるように、小泉首相は国家とイデオロギーの問題も広く日本国民に開放した。だが、ここでも「小泉流」が貫かれている。今を見据えた勝負という厳然たる事実だ。有力後継者の一人は、早くも国家とイデオロギーの問題を真正面にすえようとしている。その際、「小泉流」を脱して広い視野から取り組めるか否か。パンドラの箱に残された〝希望〟に救いを求める気持ちだ。

イデオロギーへのこだわり
――安倍晋三『美しい国へ』を読む――

■本を読んでいかがですか。

この本を酷評する人は多いんだよね。何が書いてあるのかわからない、と。だけど国民の多くがこういうエッセー風の本を、好んで読んだという点からすると、次の総理が、あるスタンスをもって語ったというのは意味があった。だからこの本は売れているんだと思います。一般に、政権をとるための本というと、理屈っぽい本を出すのが普通なんだけど、安倍さんの場合は、理屈の本というより、どちらかというと叙情的な本であるなと。これまでの総裁候補は、重要閣僚を経験していた。いろいろ政策をやってきて、それを土台に据えて、政策論を書いたわけです。安倍さんの場合は、官房長官と幹事長しかしてませんから、省庁の大臣として「具体的にこの政策をやった」というエピソードがない。だから、どうしてもそこから深くできない。つまり、「これまで政策は自分としては何もやってこなかったけど、こういう自分を買ってください」というところで勝負する本かな、という感じがありますね。

本は冒頭、リベラルと保守の定義から入っていきます。

安倍さんは明らかに、リベラルと対抗する勢力としての保守というのを考えている。そしてその保守を自分が担っていくということを、非常にはっきり言っている。小泉さんは自らを保守と言ったことはない。あの人は「抵抗勢力だ」などと言って敵を破壊させるところに意味があったので、イデオロギーにあんまりこだわらなかった。安倍さんのほうが、イデオロギー的なものにすごくこだわっているなっていう印象。

しかも、憲法改正をやると言う。ただ単に国民の皆さんに聞いてみましょうという話じゃなく、明らかに九条改正が頭に入っている。公約をはっきりさせたという点で言うと、この本を出して、いよいよ彼がやりたいことがはっきり見えてきた感じではありますよね。

最後の二章では、年金と教育といった政策も。

後半の政策の部分は薄いと思わざるを得ないですね。要するに少子化で年金をどうするかという話だが、画期的な試案を出しているわけではなくて、今のままで手直ししていけばやっていけるという話になってますから。それはちょっと違うのじゃないかって気がする。教育のところは、失敗してもやり直せるという話や、ニートの青年をどうするかという話にうまくしてあるが、これは教育基本法や憲法改正と連動している発想なんです。だからこれも一見、政策論のように見えて、イデオロギーなんですね。

本の中では祖父・岸信介元首相、父・安倍晋太郎元外相という血脈にも触れています。

安倍さんの場合はね、やっぱり父親が近すぎるっていうのがあってね、まだ客観的な評価が、彼自身としてもしにくいところがあるのかなというところはある。でも、岸さんについては、本の中でも身内として相当に肯定的評価をしている。

岸さんはエリート主義なところがあって、六〇年安保の時も、自分だけでこの道を行くと決め、決断をした。だからかつては「国民を無視した」と批判を受けた。安倍さんにも「国民を無視はできないけれども、やっぱりある程度自分で決断をしていく」という思いがある。序章に「闘う政治家、闘わない政治家」とあるのが印象的です。「『闘う政治家』とは、ここ一番、国家のため、国民のためとあれば、批判を恐れず行動する政治家のことである」と、こう書いてあるでしょう。ここらへんのところはね、祖父の言葉をなぞっているのだな、と感じますね。

安倍さんが具体的に岸さんからそういうことを教わったとは思いません。けれど、岸さんの足跡を身内として見ていくうちに、自然に岸さんの持っている思想の根底にあるものを受け継いでいる気がします。やはり上に先代がいる政治家は、歌舞伎役者みたいなもので。やっぱり三代目となるとそういう話になるわけであって、そこが普通の職業とは違うところですね。

岸元首相が安倍さんの政治の師だと。

決断主義の側面で言うと、安倍さんには岸さんと小泉首相の二人を自分は見習いたい、という思いがあるという気がしますね。

総裁選はもう、安倍さんが独走だと言われている。安倍さんにとって不幸なのは、安倍さんが「決断主義」という方法論を出しているのに対して、その方法について批判をしている候補がいないこと。この方法論はいいんだが、党内で吟味されずに総裁になれば、空回りすることになる。

小泉首相の手法を踏襲するのは難しいと。

小泉さんは国民をバックにしてああいう劇場型政治をやったことで、党内外の調整は一切やらなかった。でも、安倍さんはそれでいけるのか。年も若いし、なかなかそうはいかないだろう。そうすると、これからいよいよ具体的な政策を出していくときに、党内調整という、小泉さんにはなかった苦労を背負うんではないかなという気がする。

しかも安倍さんが総理総裁になったら、すぐに衆院補選があり、来年（二〇〇七年）の参院選に突入する。この難しい選挙をどう戦っていくか。下手にイデオロギーの問題で党内対立を生んでしまうと、かなり早い段階で安倍政権は失速する恐れがある。

安倍さんが政権に自らのイデオロギーを反映させるのは、簡単ではない？

僕は微妙なところがあるんじゃないかと思いますね。安倍さんの本に戻れば、第五章の「日本とアジアそして中国」はわずか二〇ページくらいしかない。やっぱり彼のアキレス腱は、中国とそれから朝鮮半島という、日本に一番近いアジアの国でしょう。小泉さんはいいんですよ、あれでとにかく押し切っちゃったから。だけど同じことを安倍さんにはできない。イデオロギーで言うと、安倍さんのほうがそれらの国に対するいろんな思いがあるはずですよね。そこが、この本ではほとんど見えない。まだ出せなかったのか、あまり出すと損と思ったのか。アジアの部分は、国内でいう靖国問題などとつながってくる。そういうところが書かれていない。でも知りたいところはそこだよね。

（構成＝円満亮太）

「若さ」を武器にできるか

五十二歳、戦後最年少の安倍晋三首相の誕生を見てます想起したのは、戦前の、近衛文麿首相の登場と似ているということだった。近衛は五摂家の筆頭華族であり、安倍氏も、岸信介元首相を祖父に、安倍晋太郎元外相を父にもち、しかも長州の出身である。両者とも名門の出だが、大臣経験がないまま首相となった。長身でマスクもよく、欧米の政治家と並んでも見劣りしないところも似ている。

昭和十二年、四十五歳の近衛文麿は、最後の元老、西園寺公望の奏薦によって貴族院議長から一足飛びに首相となり、国民から「青年宰相」「明朗宰相」と歓呼の声で迎えられた。初代総理、伊藤博文の四十四歳に次ぐ若さだった。

近衛は家柄に加え、パリ講和会議を前に、論文「英米本位の平和主義を排す」を発表するなど、革新的な若手政治家のイメージで支持を得ていた。その国民的人気を見て、我も我もとかつごうとする政治家が増え、やがて第二次内閣では日本の政党が次々に解消するという未曾有の事態となり、大政翼賛会へとつながっていったのである。

安倍首相が誕生した今回の総裁選は、自民党始まって以来の「翼賛体制総裁選」だった。当初こそ「麻垣康三」四人の争いが注目されたものの、福田康夫元官房長官の不出馬宣言のあとは、各派閥が早々と安倍氏支持を打ち出した。麻生太郎、谷垣禎一両氏も、小泉内閣を閣僚として支えた主流派であり、有力な対抗馬とはなりえなかった。

自民党の歴史を振り返ると、「強い総裁」が誕生する際には必ず「敵」の存在がある。長期政権を保った佐藤栄作には、大平派や三木派という反対勢力があったし、田中角栄は「三角大福」といわれた大決戦を制し、その後は残りの三人が二年ごとに政権を担った。中曽根康弘も激しい予備選の末、田中派の支持を得てようやく首相の座に就き、「安竹宮」の争いを制したのは竹下登だった。

なにより激しい例が、「自民党をぶっ壊す」と宣言して「敵」を対立候補から自民党そのものに拡大し、最大派閥の橋本龍太郎を打ち破って総裁となった小泉純一郎である。

だが今回はせっかくの総裁選にもかかわらず、本格的な「敵」が姿を消してしまったため、「翼賛体制総裁選」となった。これでは残念ながら、安倍政権の支持基盤は磐石とはいえない。

安倍政権の船出には、三つの疑問がある。

まず、安倍新総理が掲げたのが「教育基本法の改正」「憲法改正」という、イデオロギーを問う政策であること。これらは国論を二分する大問題であるが、国民生活が良くなるという即効性はない。

日本人は、この五年の小泉政治で精神的に疲弊した。郵政民営化選挙で「小泉劇場」は盛り上がったが、一方で格差社会の印象が定着してしまった。ドンパチばかりの小泉政権の「空中戦」の後だからこそ、安倍政権は「地に足のついた」政策を打ち出し、財政問題や、高齢化社会の医療問題、年金問題などに取り組めば、国民もホッとして、期待を持つことができただろう。

第二に、新内閣の顔ぶれも失望感をもたらした。「自分に近い仲間」を集めるという安倍首相の方針は悪くない。世耕弘成、山本有二ら安倍側近や、塩崎恭久官房長官、石原伸晃幹事長代理ら同世代の仲間を集め要職につけた。問題は、我こそは安倍首相唯一の側近なりと、みなが思いこんでいる点にある。

確かに小泉首相が派閥を壊し、入閣の順序も無視して以来、閣僚は首相の個人的ネットワークで決まるようになった。しかし下手をすると、言うことを聞く奴を集める、幼稚園の砂場のボスになりかねない。

この点でも、近衛文麿内閣に似ている。支持基盤を持たない近衛は、友人の木戸幸一や、有馬頼寧、風見章ら側近を入閣させたが、首相のリーダーシップの強化にはつながらなかった。

第三に、鳴り物入りの「官邸主導強化」にも不安がある。安倍首相は、官邸主導の政策決定のために、全省庁の官僚から「特命チーム」のスタッフを公募した。これまでは省庁から出向していたのを政治任用（ポリティカル・アポインティ）に変え、アメリカ大統領のスタッフのように数十人規模で一斉に交代する仕組みをつくるという。それ自体はこれまた悪くない。しかし、うまく機能させる仕掛けが必要なはずだ。

首相補佐官も限度いっぱいの五人を就任させたが、根本匠、世耕に加え、小池百合子、中山恭子、山谷えり子と個性の強いメンバーばかり。そもそも官邸に多くのスタッフを抱え込みすぎると、意見がまとまらずかえって弱くなる。飯島秘書官と自分の姉以外には実質的なスタッフがいない小泉首相が、強大な権力を発揮したことを考えればよくわかる。

実は小泉人事の妙味は、塩川正十郎を財務大臣に、武部勤を幹事長にという旧来型の政治家の配置にあろう。一見、摩訶不思議な起用なのだが、ご意見番〝塩爺〟も、〝偉大なるイエスマン〟幹事長も見事な働きを見せた。小泉は「自民党をぶっ壊した」が、自身は古い自民党のなかを生き抜き、総裁になるまでの時間的余裕があったため、人脈の利用をよく心得ているのだ。

安倍氏は父の秘書官を務めたとはいえ、党の要職についたのは、小泉政権の幹事長が最初で、すでに「ぶっ壊れた自民党」しか知らない。「首相」について理解する時間が余りにも少なすぎた。

安倍氏のセールスポイントは、なによりも「若さ」である。だが、赤いリンゴがもいだ途端に腐り始めるように、五十二歳、戦後最年少という「若さ」にも、政権誕生のその日から色あせていく残酷さがある。

だからこそ私は提言する。安倍氏が「真の強い総理」に化けるには、一日も早く、解散総選挙に打ってでるしかない。

解散総選挙という「危機的状況」に直面すれば、必ずや「仲良し内閣」の面々も引き締まり、いまひとつ具体性に乏しい政策群も緻密に練りあげられるだろう。

もちろん、北朝鮮からミサイルが飛んでくるような、外交上の「危機的状況」に直面した場合も、総理として化ける可能性はある。

教育基本法改正や憲法改正問題、あるいは年金問題や消費税など、国内問題は山積している。こうした争点をはっきりさせて解散総選挙を行い、「安倍か、小沢か」と国民に選択させるべきである。

あえて衆議院の三分の二という圧倒的議席を賭けることで、国民は必ず「安倍劇場」に注目する。

来年（二〇〇七年）七月の参院選を待つことなく、自らの信を世に問うた方が、「若さ」の賞味期限が切れず、勝機は高い。そうでなくても参院選までに十月の二つの補選、十一月の沖縄県知事選、来年は統一地方選もある。これらの選挙で一つでも負ければ、政権の前途に暗雲がたれこめる。それよりは一挙に解散・総選挙に打って出たほうがいい。民主党の小沢一郎代表も、今なら選挙準備が万全ではない。安倍首相の「政治的実績のなさ」を批判されても、小沢氏とて一見実績はあるようでも、結果を出していない点では同様である。むしろ安倍氏の「若さ」という未知数に期待し、小泉氏と同年代の小沢氏は退陣すべきという世論がはっきりするのではないか。

なによりも、自民党には魔力がある。総選挙を経験した総理は化けるという、不思議な底力が。「変人宰相」と言われた小泉首相も、二度の解散総選挙を経て、二十一世紀型の大宰相に化けたではないか。安倍首相も、岸家と安倍家という二つのDNAが覚醒するかもしれない。

問題は、「解散権」という伝家の宝刀を、安倍氏が振るうことができるかどうか。かつて三木総理も海部総理も解散を決意しつつ、閣僚の反対にあって辞職した。いざというとき、安倍総理は「仲良し内閣」の面々の反対を押し切って解散できるのか。まずは参院選の候補差し替えをめぐって、参院のドン・青木幹雄の反対をどこまで押し切れるかが、その試金石となるだろう。

だが、やるしかない。解散総選挙という「危機的状況」を乗り越えない限り、安倍政権はずるずると「若さ」を失うしかないのだから。

安倍晋三と小沢一郎
――政権交代は現実になるか――

安倍政権の二カ月をどう見ているか。

小泉改革を逆戻りさせない路線を進めるのだろうが、小泉前首相は自民党という自分の内側に敵をつくり「抵抗勢力」として一網打尽にした。安倍さんは組閣が示すように「みんなお友だち」で全員野球方式だ。首相補佐官中心の官邸主導も司令塔が見えない。「政権の初動は百日」といわれるが、そこが見えてこないと、百日過ぎても、やりたい政策が多くてどこから着手すべきか分からない「すし詰め」状態になる気がする。

小泉改革が地方の力をそいだ面は否めない。地方分権と地方に活力を与える話をどう結びつけるかは、年金と並ぶ政権最大の課題だと思うが、重視しているようには見えない。

■安倍カラーは？

憲法改正はめどをつけずと言っているが、現実に人々の間で利害対立がある問題ではあいまいだ。（郵政造反組の）復党問題でも歯切れが悪い。小泉さんはそういう面は見せなかった。いくら「お友だち」がたくさんいても総理になった以上「これはやる、これは切る」と決断できないと、国民の支持は遠からず離れる可能性がある。

■小沢代表の党運営をどう評価するか。

主義主張は違っても自民党を倒す一点で連携するかつての「全野党共闘」が再び通用するのか。「小泉改革はまやかしだ」とも小沢さんは言うが、小沢さんが『日本改造計画』で書いたある部分は（小泉改革で）実現したわけで、若干「攻め道具」が弱っている面もあるのではないか。

国会であれこれ闘ううちに、かつての社会党のような「何でも反対」に見えてしまう。政権を取るための勢力を養っている第一野党――ということがなかなか証明しにくい。真の野党モデルを開発したときに政権交代が実現すると思う。

■勝負は来年（二〇〇七年）の参院選か。

安倍さんは仮に参院選敗北でも政権を継続する戦略を採るだろう。「負けたら退陣」との論理で小沢さんが自民党の一部と提携するのは、小選挙区制のもとでは難しい。小沢さんが導入した小選挙区制が自らの戦略を縛っている。

■小選挙区制は首相公選に近い側面もある。

小沢さんはそこが鍵だ。分裂を誘い再編を仕掛けて細川連立政権をつくったが、それを今もやろうとすると政権を取れない。ラストチャンスだろうから、自らが総理になって何をやるかを示して勝負すべきだ。党首同士の魅力で競う選挙をやらないと民主党の先はないと思う。

（聞き手＝一戸彦太郎）

安倍晋三の「保守」とは何か
――戦後保守政治家の思想的系譜――

戦後日本の政治を長年にわたり担ってきた自由民主党は、キャッチオールパーティと言われてきた。さまざまな思想を持った者をこれといって吟味することなく、利益追放を得意とする者まで、サラダボウルのように取り込んだ政党という評価だ。

そうは言うものの、自民党を指導してきた政治家たちには、自らのリーダーシップの裏づけとなる、何らかの思想があったのではないか。何より現在の安倍晋三首相は、自らの思想を強く打ち出している点に特色がある。大きな業績を残した首相を中心に、その思想的な系譜を辿ることで、現在に至る保守政治を理解する一助としたい。

計画経済を忌避した吉田茂

昭和二十年代の占領期および占領期直後の時代は、吉田茂に代表させる以外になかろう。吉田は旧帝国憲法下最後の首相を一期務め、新憲法のもとでは片山哲・芦田均両内閣の際に野党を経験。その後、長期政権を担った。

第一次吉田内閣は、本人にとっても試行錯誤の連続だった。鳩山一郎の公職追及を受けての急な就任だったうえ、農地解放や労働改革、教育改革などGHQからの諸要求に応えなければならなかった。首相就任を押しとどめる家族に対して吉田は、「戦争に負けて、外交で勝った歴史はある」と述べたという。吉田には、GHQと取引しながら、日本復興への道筋を立てようという目標があったはずだが、一期目には実を結ばなかった。

その後、片山内閣において吉田は野に下る。この時期に野党の立場から中道左派連立政権を観察したことは大きな経験となった。片山内閣も次の芦田内閣も、最後の最後まで社会党左派に苦しめられた。革新を含む中道が中心となる構図では日本の政治はうまくいかない、革新に対抗する「保守」として野党がまとまり、政権をとらなければならない――それが野党期の吉田が学んだものだった。つまりは革新への対抗勢力としての「保守」である。

天皇に対して尊崇の念を持ちつつ「自由主義」を貫いてきた吉田の思想には、GHQへの抵抗という側面もあったが、野党を経て以降、何よりも革新への対抗が重要な位置を占めるようになった。

再び首相に就任すると、吉田はサンフランシスコ講和条約および日米安保条約を締結し、戦後日本の方針として軍事をアメリカに任せた「軽武装」の下、通商政策による「海洋国家」「商人国家」の道を示す。

吉田は、国家の指導によることなく、競争社会の中で切磋琢磨して産業が成長すべきだという考えを持ち、当時における「自由主義経済派」だった。そして、「計画経済派」に対しては、強い猜疑心を抱いていた。計画経済は名前を変えた「統制経済」であり、戦前の革新官僚たちの流れを汲むものと見なしていたからだ。

戦後政治を考えるにあたっては、戦前からの連続性を無視できない。戦前の対立と言うと、政友会と民政党のそれが想起されるが、両者にそれほどの思想的対立はなく、人間関係による対立が主だったと言っていいだろう。

むしろ重要なのは、一九三二年に無産政党が合同して結成された社会大衆党の存在ではないか。社会大衆党は三七年の総選挙で三十七議席を獲得した。その後、四〇年に大政翼賛会に合流することで、主義の似た二つの保守政党と社会大衆党の三党体制が、戦後まで冷凍保存され

保守政治家たちの思想的系譜 [1945〜1993]

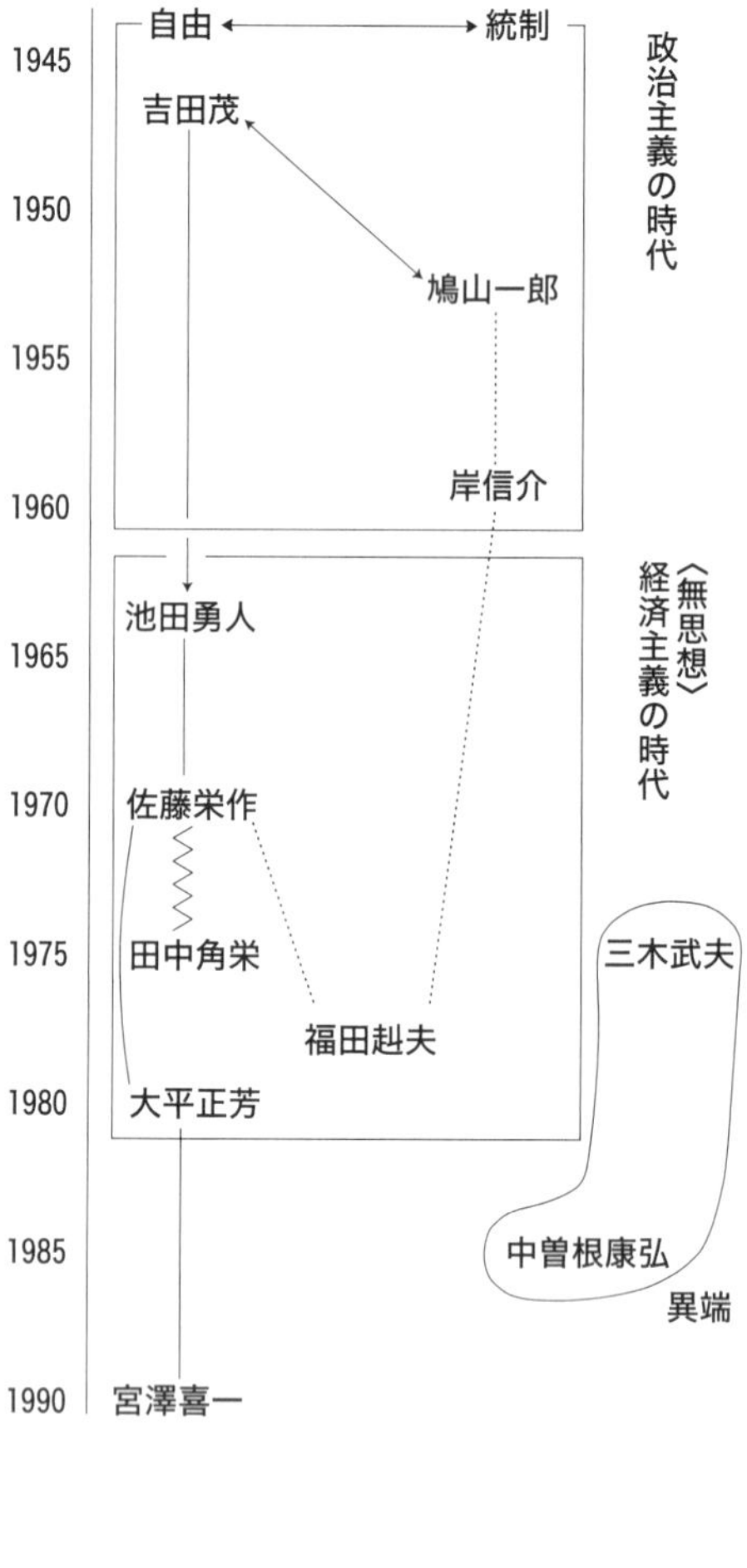

ることになる。社会大衆党は麻生久書記長らを筆頭に、革新官僚の進める統制経済と思想的一致を見た。

保守政治家の中でも、戦前政治の主流を占めていた者たちは統制経済にそれほど違和感を持っておらず、したがって計画経済にも親和的である。ここに彼らが戦後の革新勢力と近づく要因があった。しかし、吉田茂のように戦前の体制において不遇をかこっていた人物にとっては、統制経済の反射としての自由主義経済に親しみを感じて不思議ではなかった。戦後、前者は公職追放にあい、吉田の周囲に集った若き経済官僚――「吉田学校」の生徒たち――が政治の主流となる。「戦前派」たる計画経済派と「戦後派」たる自由主義経済派の対立の中で、次第に後者が優位に立つ。

吉田は、有力者たちが公職追放から復帰した後も、大勢の予想に反して長く首相の座にとどまったことで批判を浴びたが、彼には「まだ保守が革新に対抗しうるものに育っていない」という思いがあったのではないか。

吉田のライバルの鳩山一郎は自由党を離党し、重光葵、芦田均、中曽根康弘、三木武夫らの改進党と組んで日本民主党を結成した。九条改憲など再軍備への積極姿勢もさることながら、計画経済に近く、革新寄りの彼らに懸念を抱き、政権を譲ることはできないと頑張った吉田の思いはそれなりに理解できる。

対吉田に執念を燃やした鳩山一郎

事実、吉田の後、首相となった鳩山一郎は、吉田流保守だけでは日本政治は成り立たないと考え、革新まで含めた政権を構想していた。実際に第一次鳩山政権は民主党のみならず左右社会党にも支えられていた。

鳩山は、二大保守政党と社会党が鼎立していて構わない、その中で連立を進めればいいという考えであり、五五年の保守合同には反対だった。念願かなって政権ができたのに、三木武吉が「民主党を潰しても保守合同が必要だ」と言い出したことに不快感を持ったのは、『鳩山一郎回顧録』からも分かる。吉田の立場からすれば（吉田は保守合同の際、すぐには自民党に加わらないが）、鳩山の姿勢は革新に対して甘い、危ういものに感じられたことだろう。

ただ、当時、自由党と民主党の保守合同が永続すると思った者は誰もいなかった。立役者の三木武吉すら「もって十年」と述べていたように、戦前から政友会・民政党と分かれて争っていた仇敵同士がどうして同じ党にいられるのか、という思いがあった。

しかし、時代は変わった。戦前に活躍した政治家は、この時期を境にいっせいに表舞台から退き始め、吉田が期待していた若手が進出してくる。確かに過渡期として鳩山や岸信介が首相になるが、その流れは決して主流になることなく、以後は吉田学校の生徒たちが歴史を築いていく。

鳩山の具体的な政策は、吉田との対抗関係に左右されたきらいがある。憲法改正を含めた自主独立志向を示し、外交では吉田の日米関係に対抗し、ソ連との国交回復に政治生命をかけた。この吉田と鳩山の対立こそが、戦後保守政治の初期を規定するものと言えるだろう。

ただ、結果として日ソ国交回復はなり、国連への加盟も成就したわけだが、憲法改正は社会党を含めた革新政党が衆議院で三分の一以上の議席を占めたため、不可能となった。このように、吉田に対する鳩山的な路線は以後封じられ続ける。

異色の宰相、岸信介

鳩山の後継とされていた緒方竹虎が急逝したため、その後の政権は石橋湛山そして岸信介へと引き継がれる。

石橋は戦前から小日本主義で知られた言論界の雄である。だが、彼はその思想で政権をとったわけではなく、ポストと金が飛び交う醜い総裁選を経ての結果だった。そして就任後すぐに病気で退陣するため、首相としてその思想を見極めることは難しい。

続く岸だが、彼は戦後史における、まさに異色の宰相だった。官僚出身ではあったが、外務官僚や大蔵官僚のような「大人しい」官僚ではなく、新設の商工省から満州を経て、東條英機内閣の商工相を務め、しかも開戦の詔勅にサインをした人物である。最終的に戦犯とはならなかったが、どう見ても戦争責任の一端を担うと思われる人物が、巣鴨プリズンから出て十年も経たないうちに首相に上り詰めたのだから、不可思議な事態と言っていいだろう。

彼はその経歴が示すように、計画経済に近い思想を持っている。戦時中の翼賛選挙で当選した後、旧社会大衆党系との仲は悪くなく、戦後結成した「日本再建連盟」にも社会党を巻き込もうとしていた。また社会党からの立候補を意図していたことでも知られる。結局、戦犯容疑をかけられた経歴が忌避され、自由党に入党するものの、彼の主張には自由党とズレがあった。先述のように、自由主義経済派が優勢になるにつれ、岸も計画経済の色を薄めていくが、道路建設など、後の開発主義的な政策の基礎を彼が築いたことは記憶されていい。

経済にかわり、彼が力を注ごうとしたのは、憲法改正だった。新憲法に違和感を抱いていた岸は首相退任後に自主憲法制定国民会議の会長に就任するほどの思いを持っていたものの、鳩山同様、野党が三分の一以上を確保する状況では手の打ちようがなかった。岸が実際に取り組んだのは日米安保条約の改定であり、アジアとの国交回復交渉だった。それは安保改定が日本の独立性回復の要素を含んでいたように、決して中身に問題があったわけではない。だが、あまりに早すぎた。

アジアには大東亜共栄圏の悪夢が残存しており、満州国経営に携わり、開戦の詔勅にサインした岸への反発は強かった。実際、当時の岸内閣には、東條内閣時代の盟友たちが大臣や顧問に登用されている。危険視されたのもやむをえなかった。また、安保改定への国内の反発も、その内容以上に岸の経歴や手法が原因だった。

結局、安保闘争に関する混乱が仇となり、首相としては三年五カ月の在任期間に留まったが、政治家生命は長かった。吉田も元老として、池田勇人や佐藤栄作の後ろ楯になったが、岸はポスト佐藤の時期を中心に、アジア外交や憲法改正の面で独自の動きをするようになった。彼の思想は首相在任時には実現しなかったが、長年にわたり自民党に一定程度の影響を与えたのは間違いないだろう。

政治の時代の終わり

その後首相の座につくのは池田勇人、次いで佐藤栄作だが、彼らの登場をもって、思想をもとに激しく対立する「政治主義」の時代は終わりを告げたと言ってよいだろう。佐藤にはやや政治主義の色があるとはいえ、両者がともに経済発展を何より重視する「経済主義」者であることは間違いない。時は高度成長期に入り、ようやく吉田学校の生徒たちがリーダーとして浮上した。以後、鳩山・岸路線は完全に傍流となる。

池田が掲げた「所得倍増」は、思想とは言いがたい。一種の「無思想」を打ち出したことが、保守政治の大転換を表していた。「無思想」によって、政治的対立を絶対に起こさないのが池田の基本方針であり、ここに五五年体制の特質である、自民党と社会党による国対政治ができあがっていく。

春闘がもっとも盛んだったのもこの時期だ。総資本と総労働が春闘という「演技」を通して、大きくなりつづけるパイを分け合っていた。経済政策においても、マルクス経済学と近代経済学の思想対立が過去のものとなり、近代経済学をもとに官庁エコノミストたちが活躍するようになる。大蔵官僚が大蔵省出身の首相の周囲を固めていた池田政権期は、大蔵省にとって、まさに「この世の春」であった。

池田内閣時には、戦後途絶えていた生存者叙勲も復活し、戦後体制を支えてきた吉田茂らに栄誉を与えた。そして、六四年には東京オリンピックが開催され、戦後復興にも目途がついた。これらはいずれも、政治主義の終わりを象徴する出来事だった。

ちなみに佐藤は皇室の守護者たらんという思いが強かったことを言い添えておこう。皇太子の立太子礼において「臣茂」と述べた吉田茂が、皇室へ尊崇の念が強かったことは有名だが、佐藤も特別な思いがあった。福田赳夫を含めて、この世代までは、皇室に対しての思いが共有されていたと言える。それ以降の首相たちに皇室への強い思いは見出しづらい。

戦後の申し子、田中角栄

七二年、帝国憲法の下であれば決して政治家にはなれなかったであろう、高等小学校卒の叩き上げである田中角栄が首相になる。まず、その点で彼は戦後民主主義の象徴的存在であった。田中の「無思想」ぶりは、池田や佐藤に比べてもさらに徹底していた。その発想はインフラ整備と地元への利益誘導に尽きた。列島全部を改造してしまおうというアイディアが、一部の官僚に受けのよいものだったのは確かだが、なんでも金で買えるという考え方はあまりにも極端だった。また、思想がなかったからこそ、田中は日中国交回復にも踏み切れた。多少なりとも思想があったなら、佐藤のようにアメリカの急変に戸惑い、また党内に根強い台湾派からの路線転換は難しかっただろう。

だが、それでは田中角栄は戦後体制の逸脱分子かと言えば、そうではない。池田や佐藤の経済主義による政治が、結果として田中角栄を育んできたと言える。まさに「戦後民主主義の申し子」——それが田中である。

池田や佐藤が育てたモンスターが田中角栄だったとすれば、彼らの正当な後継者は田中の三代後の首相、大平正芳になる。大平は経済主義の下で長期的なビジョンを立て、一般消費税の導入を検討したほか、知識人を集めて多くの政策研究グループを作り、長期構想を練っていた。しかし、彼は前任者の福田赳夫との抗争に明け暮れて、なすべきことをなせぬまま没した。大平内閣は先輩の池田、佐藤が形にできなかったことを三代目として実現しようとしていたのだろうが……。

話を田中に戻すと、日中国交回復は成功したものの、列島改造は雲散霧消し、金権疑惑を追及され、田中政権は倒れる。この難局に「青天の霹靂」で首相に就任したのが、これまた自民党の異端児で左派色の強い三木武夫だった。田中のロッキード・スキャンダル解明を自らの政治生命とした三木は自民党内の多数から反発を受け、強烈な「三木おろし」の後、辞任。そして本格政権の呼び声高く、福田赳夫内閣が誕生する。

正直なところ、福田の位置づけは難しい。たとえば内政面では狂乱物価を抑えたなどの実績があり、財政家としての評価が高かった。佐藤政権で大蔵大臣、党幹事長、外務大臣を歴任するなど、佐藤からの流れが色濃いとは言えそうだが、一方で池田に象徴される宏池会とは激しく対立し、佐藤直系の田中との関係もよくなかった。

外交ではアジア重視の姿勢を見せ、七七年に東南アジアを歴訪し、「福田ドクトリン」を表明した。このあたりは岸のある側面を引き継いでもいた。

福田内閣は本格政権になる要素を多く持っていたが、出身母体となる福田派の弱さが祟った。

当時の福田派が現在の町村派のような勢力を誇っていたなら、どのような政策を実施したのか興味深いところだ。

傍流、中曽根康弘の登場

大平の急死後、鈴木善幸を挟んで中曽根康弘がついに首相となる。

彼は自民党の流れから言えば、本流とは言いがたい。もともと三木などと同じく、改進党左派の出身であり、保守内の革新派と呼ぶべき存在だった。中曽根はもともと首相公選論を唱え、国会で天皇の戦争責任を問うような質問をして、吉田に警戒された経緯もある。三木同様、本来であれば保守党の首班につくことは考えにくい人物だ。

だが、自民党は結党時から、幅広い思想の持ち主を取り込んできた。もっとも岸は、保守合同の際に三木武夫だけは入れたくなかったという。三木を「容共左派」と見なしてのことだが、三木も党に残り続け、ついには首相の椅子に辿り着いたのが自民党の現実だった。

中曽根は、これまでの経済主義路線から、より政治色の強い路線へと舵を切った。「戦後政治の総決算」をキャッチフレーズに、行財政改革、経済構造改革、税制改革（失敗したが）に取り組む改革政権だった。

彼はもともと吉田と衝突した人物でもあり、池田や佐藤のような経済主義一本槍の姿勢を好ましいと思ってはいなかった。自らを鳩山や岸の系譜に位置づけ、実際に防衛費のGNP比一％枠の突破に成功し、靖国神社公式参拝も行った。しかし、結局のところ靖国参拝も以降は自粛し、憲法改正には取り組むことができなかった。やはり戦後史において、鳩山や岸の路線は自民党に馴染まず、中曽根でさえも、自民党の体質改善には踏み切れなかった。経済成長を保証している点にこそ、自民党政権の正当性はあり、吉田以降、池田や佐藤が築いてきた自民党の枠の中でどれだけ暴れてみても、それ以上先には進めなかった。

中曽根政権の忠実な後継者として出発した竹下登政権だが、竹下に中曽根のような思想はなく、経済主義路線に戻り、結局は消費税だけが引き継がれ、リクルート事件に悩まされながらも実を結ぶ。

その後、宇野宗佑、海部俊樹を挟んで宮澤喜一が首相となるが、政治改革にせよ金融機関への公的資金投入問題にせよ、何も決断ができないまま、いったん自民党政権に幕を下ろすこととなった。池田・佐藤内閣期に高度成長を演出することが宮澤の真骨頂であり、経済が下向きになったときのアイディアを持ち合わせていなかったことが、その優柔不断の背景にあったのではないか。日本は経済成長の時代に終止符を打ち、また国際的にも冷戦が終わり、後に「失われた十年」と呼ばれる新しい時代に突入していた。宮澤はあまりに遅すぎた首相だった。ここで池田から始まった宏池会の系譜は終わりを告げたと言っていいだろう。

小沢一郎と橋本龍太郎の競争

自民党政権が倒れた後、日本新党の細川護煕を首班とする連立政権が樹立されるが、これ以後は首相よりも小沢一郎に注目したほうが分かりやすいだろう。竹下派の一部が自民党を離党し、内閣不信任案が可決、総選挙を経て八政党・会派による連立内閣が成立する過程は、すべて小沢が中心となってできたものだからだ。自民党の主流であった田中派の流れを汲む竹下派の中核にいた小沢が飛び出し、改革を唱えたことは、その後の日本政治が新たなステージに向かう引き金となった。

思想的には小沢の著書『日本改造計画』が大きなインパクトを持った。細川政権はその思想に乗り、政策を進めようとしたものの、寄せ集めの連立内閣であり、党内基盤が弱かった。最終的には、小沢の思想からもっとも遠い存在である社会党の反発により、連立は崩壊する。

小沢はその後、新進党の党首となり、そこから党を割って自由党を結成し、自民党との連立を経て、民主党に合流し……と急速に影響力を失っていくが、それでも重要な指標として存在しつづけた。彼はサッチャー英首相やレーガン米大統領が進めた流れに影響を受けながら、徹

保守政治家たちの思想的系譜 [1993～]

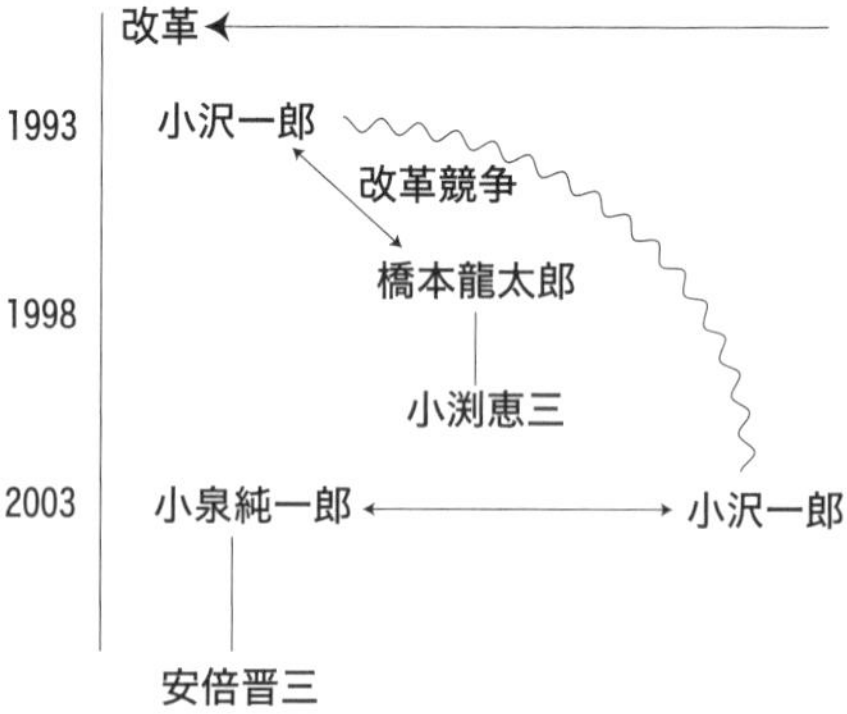

底した新自由主義を訴えた。政府の余計な介入を減らし、行政の役割を制限する方向へ改革を進める。彼の思想が九〇年代以降の日本政治の軸になったことは間違いない。

　また、社会党が大幅に勢力を失い、自民党の対抗勢力としての役割を終えたことの意味も大きかった。池田や佐藤のころに完成した自民党と社会党の役割分担が終わり、吉田以来の革新に対抗する保守というスタイルから脱する必要性が出てきた。

　自民党と社会党の連立など、長い混乱期を経てようやく誕生した本格政権は橋本龍太郎内閣であった。内政では住専問題、六大改革、とりわけ省庁再編を進め、また外交においても、沖縄の米軍普天間基地返還合意や日米新ガイドライン、ロシア外交などで成果を残した。参院選の敗北を受け辞任し、小泉純一郎に敗れて再登板もならず、晩年は汚職疑惑が浮上するなど、その後のイメージが悪いが、高く評価されてしかるべきだ。

　ただ、橋本はとりたてて保守主義を語ったわけではない。彼の頭にあったのは小沢新進党だった。経済政策では衝突しながらも、小沢が主張する改革のよい部分は取り入れていく。言わば喧嘩をしながら、それが単なる権力闘争にとどまらず、改革競争に繋がったという稀有な例ではないか。

小泉の破壊と安倍の未来

橋本を引き継ぎ、結局小沢自由党との連立に至ったのが、小渕恵三内閣だった。国旗国歌法案を成立させるなどしたが、彼にもとりたてて強いイデオロギー色があったわけではない。

そして、森喜朗を挟んで登場するのが小泉純一郎だが、彼が保守なのかは実に微妙な問題だと思う。彼自身、「保守」云々といった言葉遣いはしていないはずだ。

そこで注目に値するのは竹中平蔵（経済財政相、総務相など歴任）だろう。保守政治におけるブレーンは、池田内閣そして佐藤内閣で一つの形になっていく。そこで佐藤の秘書官・楠田實が果たした役割は決定的である。その後、大平内閣時に多くの政策研究グループが作られ、表舞台に出始める。それが小泉内閣において、直接重大な政策決定に関わるようになった。もちろん三木内閣の永井道雄文相などのケースはあったが、経済の重要閣僚として迎えたのだから、これまでとはその重みが異なる。

小泉は竹中の助けを借りながら、小沢一郎的な改革主義を換骨奪胎し、改革以上の破壊を実行した。「自民党をぶっ壊す」「抵抗勢力」といった言葉を唱え、これまで城内平和が成立していた自民党政権を壊していった。

ここまで見て明らかなように、戦後保守政治家たちの主流に強固な思想があったとは言いがたい。むしろ首相の座が遠い、傍系の政治家ほど強い思想を唱えていたと言えはしまいか。鳩山や岸、中曽根のようにある種の思想性を持ちながら首相に就任した者もいるが、その思想を実現しようとするたびに道をさえぎられてきたのは見てきたとおりだ。憲法改正などの話題が出れば、一時賛否が話題になるが、党の対立の機軸になっていたかと言えば、そうではあるまい。

それよりも人間関係が重要だった。戦後しばらくは吉田をめぐる対立が政策の方向を決めていたように、九〇年代以降は小沢という存在に対してのリアクションが重要な意味を持った。そして、小沢の『日本改造計画』の思想を脱色して「ゲーム」として実行したのが小泉だった。小沢の中では、政権をとることと、自らの思想にもとづき改革を進めることとが車の両輪だったはずだ。だが、小沢の専売特許のはずだった改革を小泉にいいように先取りされてしまった結果、昨年（二〇〇六年）十一月の沖縄知事選に顕著だったように、マヌーバリング（権謀術数）ばかりが目立つ状態に陥る。本人は否定するだろうが、『日本改造計画』の理想から随分遠いところに来てしまった印象だ。いずれにせよ、小沢にとって、現在の安倍首相との争いが「最終決戦」になることは間違いない。

このあたり日本の保守の不思議なところで、強固な思想の持ち主はその発露を巧みに封じられるものの、その主張はイデオロギーの装いを失ったうえで実現される。その玄妙さこそが保守思想の特質なのかもしれない。

最後に安倍晋三首相について考えたい。安倍は鳩山、岸、中曽根と続いた思想的色合いの濃い、少数派の系譜を継ごうとしているように思われる。岸のDNAを引いていることはもちろんだが、経済主義的な話題に比べ、教育基本法改正や憲法改正に熱心だ。また、北朝鮮の拉致問題を通じて名を上げたこともある。

国民の側にも、小泉の破壊を経験した後で、そろそろ思想がほしい時期が来ているのかもしれない。

果たして安倍は自らの思想にのっとり、憲法改正などの重要政策を実現できるのだろうか。それとも鳩山一郎、祖父の岸信介、中曽根康弘同様、思想を持ちながら、成就させることなく、「思想なき後継者」に後を託すのだろうか――。

政治体験なき首相の非力

安倍氏が首相になった当初は、小泉前首相のように既存の組織や制度にとらわれず、リーダーシップを発揮するタイプだと思っていた。しかし、その後、政治と行政について、暗黙知的な知識が足りないまま行動しているように見える。

安倍首相と小泉前首相との決定的な違いは、政治のリアルな体験があるか否かだ。小泉氏は厚生相や郵政相を歴任し、各省の政策や立法に携わってきた。安倍首相はこうした経験がなく、幹事長や官房長官という要職につくのも小泉政権になってからだ。

小泉氏は奇人変人と言われたが、できることとできないことがわかっていたから郵政民営化に絞り「イエスかノーか」と迫った。安倍首相は意気込みはあるが、実現までのプロセスがはっきりしない。

なるほど、就任直後米国でなく中国に行き、小泉氏との違いを見せたのは鮮やかだった。でも就任直前に靖国神社に参拝しているし春季例大祭に供え物を出した。「これと外交とは別問題」と言ってもこれで乗りきれるだろうか。

小泉氏と比べて安倍首相は、調整と政治家の利益配分を大事にする旧来の自民党に近い人だと思う。その人が小泉氏の後に座り、「改革」を絶叫しなければならないという矛盾がある。

著書『美しい国へ』で「闘う政治家」と言うが、そこで語られるのは北朝鮮の拉致問題だけだ。しかし、六者協議は進まず、首相が得点できる状況ではない。拉致と二枚看板にしている憲法改正もそうだ。憲法改正を言い続けながら、どう実現するかがすぽっと抜けている。一方で私的諮問機関を作って集団的自衛権を解釈改憲で認めようとしている。一体どちらなのか。

安倍首相は、この憲法改正の前提に教育改革を位置づけていた。「イデオロギー」や「価値」を重視していたが、改正された教育基本法はそんな内容ではなかったし、首相が設置した教育再生会議は、些末なことが議論され、言いっぱなしで終わった。一方では文部科学省の中央教育審議会があり、審議会との関連も不明確だった。

思い出すのは中曽根康弘氏だ。「戦後政治の総決算」を唱えた中曽根氏は、教育では教育臨調を設置し、その間は中教審を休止、臨調を優先した。憲法改正は時期尚早としてできずに終わったが、若いころから信念を持っていた。安倍首相も祖父の岸信介元首相のDNAを引き継いでいるという。しかし、中曽根氏のように肌に染みこんだものではない。

年金はじめ色々な制度がきしみ、自民党政権の功罪が問われる時がきた。第一義的に責任を問われるのはこれまでの制度を表象する安倍首相だ。ところが、自民党内で首相に「こうした方がいい」という人が出てこない。かつての自民党は派閥勢力が力を持ち首相の批判勢力があったが、小泉前首相が派閥をつぶし、批判勢力がなくなったからだ。

安倍政治への批判が多くなったが、評価する点は若返りが進んだことだ。未熟だから化けるには時間がかかる。幸い経済の状況はよく、党内で安倍氏の代わりはいない。

参議院選を乗り切った場合、人事権を自在に使ってメリハリをつけた内閣改造を行う。そして政策の配列を組み直し、優先順位をつけて実行することだ。

（聞き手＝杉本裕明）

イデオロギーへの傾斜と政策決定システムの不在

安倍政権は成立以来一年に満たないのに、早くも危険水域に入りつつある。閣僚のうち二人が辞め一人は自死した。辛くも首がつながっているだけの者もいる。すべてはスキャンダルと失言に絡んでのこと。その意味では五十年の自民党史において、珍しい事態ではない。保守本流中の本流だった佐藤政権も当初〝黒い霧〟に苛《さいな》まれた。佐藤栄作元首相は、問題閣僚を即座に辞任させ、「トカゲのシッポ切り」と批判されたが、「やはり野におけレンゲ草」とうそぶいて総選挙を乗り切った。

イデオロギーなのか、政策遂行なのか、政権維持なのか。首相は普通この三点をうまく按配して、統治に臨むものだ。佐藤氏はイデオロギー色を薄め、沖縄返還などの政策遂行と政権維持に全力を傾注した。同様に長期政権だった中曽根康弘元首相もイデオロギーを引っこめて行政改革など政策の運営に力を注ぎ、小泉純一郎前首相にはイデオロギー色はなく、これまた郵政民営化など政策との絡みで政権維持を無事果たした。

だが安倍首相は、当初からイデオロギーで勝負しようと試みた。「憲法改正」「教育再生」「集団的自衛権」、いずれもそうだ。祖父の岸信介元首相の後、棚上げされ続けた「憲法改正」への実現の道筋をつける。これこそは安倍首相の悲願だった。ではなぜ安倍首相はイデオロギーに固執するのか。

9・11のテロ以来の国際政治状況の変化や、金さえあればといった国内の風潮に対して、本来安倍首相は敏感に対応したかった。それにはイデオロギーでアクセルを踏むのが一番と考えたのだ。そのために「官邸主導」によって、首相のリーダーシップを確立することをねらった。その発想と構図は、決して悪くはない。

だがなぜそれが空転しうまく行かなかったのか。小泉政権の〝王子〟として小泉政権内の政治的経験しかなかったことの悲劇である。〝翼賛選挙〟に近い形で総裁の座を射とめたことに加え、小姑や長老など一言居士がいなくなり、何でもできる気分に陥ってしまった。ふわふわした気分ゆえにふわふわした内閣が出来上がった。補佐官政治を導入したものの、各省大臣との関係をどうするのか。「教育再生会議」と「中央教育審議会」の関係は……。「集団的自衛権の懇談会」と「内閣法制局」の関係は……。

詰めが甘いと言えばそれまでだが、政策決定のかたちが見えなくなってしまった。それに加えて「年金問題」の急浮上で、安倍首相は身動きがとれなくなる。そこで安倍首相は事態を言説政治に見立て、言葉の勢いで相手を打ち負かそうとする。安倍首相は自らの本気とやる気を、マスコミがさえぎっていると信じているのではないか。真実は我にありという主張は、国民にあきられる。もはや安倍首相の〝おともだち〟も、どう助けていいかがわからない状態だ。

問題は、それでは民主党と言う声がかからないことだ。「安倍（首相）か小沢（一郎代表）か」で人心は迷う。

本来安倍首相は、再チャレンジなど格差社会への対応も心得ていたはずだ。あれもこれもではなく、地道な政策課題を一つ一つこなしながら、自らの若さゆえの未熟さを克服すべきではなかったのか。

責任をとらない総理大臣

――小泉時代から続く政治の破壊――

日本の政治は壊れ続けている。二十一世紀初頭に小泉純一郎がもたらした政治の破壊は実は安倍晋三に受け継がれて、変わることなく進行している。作る、維持する、壊す。この三つの中で、壊すこと、壊れることが着実にずっと続いている。

こう言うと「そんなことはない。だって国の制度も組織も立派に存続しているではないか。どこが壊れているの?」という反論が、直ちに寄せられるかもしれない。なるほど表面上はそうだ。しかし一皮めくってみればどうだ。これまで常識とされた政治の文法はまったく通用しなくなり、制度や組織は本来の機能を喪失し、とんでもない逆機能現象が生じ始めている。人はそれを認めたくないだけなのだ。

具体的に言おう。安倍はなぜ参議院選挙大敗の責任をとって辞めずに、早々と続投を宣言したのか。これは従来の経緯から言えばありえないことだ。

歴史的先例は、実は小泉の郵政民営化解散にある。あの時小泉は参議院での否決を待っていましたとばかりに、衆議院解散に持ち込み、郵政民営化に賛成か反対かの二者択一的状況を作り出し、与党三分の二以上という大勝利をもたらした。これにはすかさずルール違反、参議院の否決で衆議院解散は憲法違反だとの声が上がった。しかし二年たった今、衆議院大勝の前にそんな批判はまったく聞かれない。

「かように総理大臣は強し、状況規定さえすれば何でもできるのだ」との確信めいた空気が、あの時以来静かに浸透し始めた。「安倍か小沢かの選択」と一度は宣言したはずの安倍は、敗北必至となるや前言撤回、続投の状況規定に結局成功する。そこには衆議院の絶対多数を押さえている限り、倫理的批判さえしのげば、いずれは反転攻勢が可能という強気の読みがある。

小泉は参議院での否決を無意味にした。同様に安倍は参議院での敗北を無意味にした。つまり小泉そして安倍は、二院制にチャレンジし、参議院の存在理由を無にし続けたのだ。これが破壊でなくて、何であろうか。

もっとも世は挙げて、衆議院は与党のもの、参議院は野党のものといった点に注目し、あたかも百年前の、衆議院は政友会（西園寺公望）のもの、貴族院は長州閥（桂太郎）のもの、その結果としての桂園体制の成立を歴史的先例として示唆し、安定への模索を期待する向きもある。

しかし参議院選敗北から一カ月を要した内閣改造を見る限り、安倍は桂園体制的安定に関心はなく衆議院で勝負する姿勢を変えてはいない。今回の改造は、明らかに参議院の意向を無視し、民主党シフトに徹している。民主党が外交・安全保障政策で旧社会党的非現実的反対に終始し、内政・経済財政政策で旧自民党的バラマキ施策に固執した場合、安倍はメディアの対応次第では、参議院での反対を理由に衆議院を解散する可能性なしとしない。その時には安倍は、何よりも「戦後レジームからの脱却」と「憲法改正」とによる「美しい国」の実現を全面に押し出すことになろう。

確かにこの一年間の安倍内閣は、失言や政治資金を巡る閣僚の個人的スキャンダルでダメージを受けすぎた。何人もの閣僚が辞任に追い込まれ、あまつさえ現職国務大臣の自死という戦後政治では空前の出来事もあった。その際の安倍の対応は後手後手に回り、決して褒められたものではなかった。経験不足は、こういう事態の処理に当たって如実に現われる。

しかし人はどうしてこんなに政治家に潔癖さを求めるようになったのだろう。失言や金銭出納にここまでうるさくなって良いのだろうか。領収書をすべて添付することは可能なのだろうか。一方で普通の人間と変わらぬタイプの政治家がいてほしいと思う反面、他方で常人ならざる言動で不可能な事を突破できるタイプの政治家もいてほしいではないか。今の風潮が続けば、後者のような政治家は絶滅するだろう。かくてメディア政治の正論の赴くところ「清く正しく美しく」にならざるをえない。とはいえこれまたほどほどでなければ政治は成り立たないのである。

そもそも同じスキャンダルが攻守所を変えれば民主党に起こらないという保証はどこにもないのだ。権力嫌いで移り気な人心とメディアは、自民党たたきに飽きれば民主党たたきに変わるだろう。それに政権欲しさの与野党が相乱れての暴露合戦ともなれば、それこそいつか来た道で、戦前の政友会・民政党の二大政党制の没落と同様の事態が起こらぬとも限らない。

安倍は今ひそかに祖父岸信介の政治の来し方行く末を考えているに違いない。そもそも岸内閣は自民党結成まもなくの登場であり、出来たばかりの派閥をコントロールし、岸派はもとより主流派優位の体制を確立しようとした。しかし説明能力不足から与野党対決の事態をしばしば招く。あげくの果てに「安保条約」を巡って「声なき声」は自分を支持していると言い放つ。

果たして安倍はどうか。自民党半壊期に登場し、壊れた派閥よりは「おともだち」と称する友縁を優先させ、改造後を見ても基本的には「友縁内閣」に他ならない姿である。もし説明不足の状態が続けば、与野党対決は不可避となろう。そこで「美しい国」路線をあたかも「声なき声」と同じく世論は支持していると言い放つか否か。これは微妙である。

吉田茂を祖父に持つ麻生太郎、鳩山一郎を祖父に持つ鳩山邦夫が重用された改造内閣は、戦後復興を象徴する三人の元総理の姿がバーチャルに投影されている。もっとも安倍がその時代を「戦後レジーム」と規定する時、バーチャルな元総理の歩みをすべて「美しい記憶」として語れるか否かは疑問なしとしない。ただ安倍改造内閣の面白さは、知らず知らずのうちに三人の元総理のバーチャルな影響力がいかに現実の政治に反映するか否かにある。

政界が二世・三世ばかりになって久しい。それはそれで明らかに格差社会の出現なのだ。そうであれば、とりわけ戦後政治を象徴する三人の元総理を頂く安倍総理を中心とする三人組こそ、政界格差社会の究極の姿をさらけ出していると言えまいか。

出処進退を誤った政権の「集大成」

——内閣改造直後の「投げだし」辞任——

あの程度のことで首相を辞めるのは不可解だ。何か他の理由があるのではないか。今は内閣を改造し、テロ対策特別措置法延長の詰めに入る大事な時期だ。普通に考えて、辞めるタイミングではない。

民主党の小沢代表が党首会談を断ったことを理由に挙げているようだが、断るのは当然だ。そこから、いかに持っていくかが政治。一度断られたからといって辞めるのは、投げ出したと非難されても仕方がないだろう。

安倍首相は、本来ならば、参院選惨敗の直後に辞めておくべきだった。安倍さんは選挙期間中、「私を選ぶか、小沢代表を選ぶか」と演説した。参院選惨敗の段階で、安倍さんが選ばれたわけでないことは明白だった。

なのに、そこを突っ張って、内閣改造で乗り切ろうとした。突っ張ったのなら内閣改造を終えた今、辞めてはいけない。テロ特措法の問題で辞めるならば、法案が通るかどうかの最後のぎりぎりまでやり通すべきだ。そういう意味で、安倍さんは政治家として、見通しを間違えた。

もう一つの問題は、内閣改造で、新たに閣僚、副大臣などに任命され、これからやろうとしている人に迷惑をかけた。安倍批判を続けながら、安倍さんの求めに応じた舛添厚生労働相は、落胆しているのではないか。

振り返って、安倍首相は、教育基本法改正など、一定の実績を残したとは言える。多くの重要法案を通したのは立派だったが、安倍首相が最も強調した憲法改正などの「美しい国」造りでは実績を上げられなかった。

総裁選で小泉前首相の改革路線を継承するといったが、郵政民営化に反対した造反組を復党させたり、国民からはちぐはぐな印象があったのではないか。閣僚の不祥事の問題も、対応は後手後手に回った。最初はかばい、かばい続けるかと思ったら、最後に突然辞めさせる。安倍首相自身を含め、出処進退に関してこの内閣は全く評価できない。

誰が次の首相に一番近いかと言えば、現時点では、麻生幹事長（前外相）なのだろう。竹下首相が辞めたときは、次は宇野首相。外務大臣経験者というのは腑に落ちる。ただし、こういう政治状況では、次の首相は緊急避難にならざるを得ない。若い人で誰か手を挙げるかどうかだろう。

安倍首相の退陣で、憲法改正や消費税の税率見直し、社会保障制度改革など、重要な改革は、しばらくは遠のかざるを得ないだろう。自民党は先の衆院選で大勝したのだから、いろんな可能性があった。そうした意味で、安倍首相の責任は重い。

安倍内閣では、政治とカネの問題がクローズアップされた。しかし、少しバッシングをやりすぎた。これだけいろんな人に問題が出てくると、次の首相でも、就任した途端に問題が見つかるかもしれない。民主党にも問題が全くないとは言えないだろうから、政治の負のスパイラルは安倍首相辞任で止めなければいけない。

（聞き手＝大田健吾）

「政治の崩壊」か「政治の再生」か

公人の出処進退——最低限のモラル

安倍晋三首相の突然の辞意表明は、この数年来進んでいた「政治の崩壊」を白日の下にさらけ出した。政治家をはじめとする公人にとって、出処進退を誤らないことこそが、最低限のモラルのはずだ。そもそも安倍内閣は昨年（二〇〇六年）末以来、何人もの閣僚の出処進退に悩み続けてきた。結局、問題が生ずるたびに、その場しのぎの対処を繰り返し、ついに首相自らの出処進退の決断さえままならなくなってしまった。

辞めるべき時――それは誰もが疑うことのない七月の参議院選での自民党大敗を受けてのこと――を失った安倍氏は、内閣改造まで一カ月を浪費し、あげくにまた一人、関係閣僚辞任を余儀なくされ、ブッシュ米大統領と会って強気の声明（「職を賭す」）を出したかと思うや、国会の所信表明後、代表質問開始直前のギブアップという体たらくである。これはもう危機管理以前の最悪の事態といってよい。

だが、コトは安倍首相個人の問題ではない。安倍氏個人の資質や性格、それに入院とともにささやかれ出した肉体と精神の病気、そのレベルに還元できる問題であるならば苦労はない。「眼鏡違いだった」あるいは「見損なった」の一声で片づけ、次のよりましなリーダーを探せばよいだけの話になるからだ。

私は冒頭で「政治の崩壊」と書いた。つまり安倍首相個人に集中的に表象されたこの一年の政治のおかしさ加減は、より根の深い構造的危機にほかならない。わかりやすい例を今般の辞任劇に見てみよう。何であれ尋常ならざる事態で最高権力者が辞めるとき、周辺にある者は、辞任とその後継者選任という〝代替わりの政治〟を大胆な決断と細心の注意を払って行わなければならない。

小泉劇場の裏で冷笑主義が漂う

その点で安倍首相はまさに「裸の王様」であった。内閣与党の要諦の者たちは、何ら代替わりの演出をなすことができなかった。いや見取り図すら描けなかった。この内閣が官邸主導でも内閣主導でもなく、文字通り「首相主導」であったことが、負のスパイラルの最後の場面でものの見事に明らかになったのだ。

かつての日本の政治家と官僚は、この手のコトに関してはぬかりがなく、知恵者があれよあれよという間に硬軟あわせた手腕を発揮し、芸術的ともいえるように事態を収拾した。そのためには「首相押し込め」ですら辞さないほどの冷徹な判断力が要求されてきた。

安倍首相の辞任劇すら傍観者然として平気でいられるほど、なぜこんなにも日本の政治は壊れてしまったのか。その原因はひとえに小泉純一郎内閣にある。いや先を急がず整理をするなら、二〇〇五年の郵政解散による与党の大勝（三分の二強）以来の晩期小泉内閣、そして参院選で大敗した安倍内閣、おそらく与野党雌雄を決する衆院選を迎える次期内閣、この三つの内閣を視野に入れ考えたとき、政治の崩壊の意味がよく理解できる。

翻ると、郵政解散の年は自由民主党結党五十年の節目の年でもあった。実は二十一世紀に入ってこの方、戦後政治の国民的記憶は、小泉改革政治の展開の影響を受けたためもあろう、変化を見せていた。歴史には常識というものがある。それはあれこれ説明せずとも手短なやりとりで共通の理解が進む世界のことだ。

だが田中角栄氏とその政治といったとき、今これを戦後政治の特質として当然のように語ることができる世代が急速に減少しつつある。結党五十年を迎えたころ、現役を退いたある長老政治家は、田中角栄氏をことさら相対化しようとし、他の者は彼をさりげなく無視しようとした。その結果、自民党五十年史の中から、戦後民主主義の嫡子たらんとして鬼っ子と化した田中角栄氏の存在感が消えつつあるのだ。

現実に小泉政治は、田中政治を対極とし、構造改革を唱えることでこの全否定に走った。だがそのことが、田中政治もろとも政治の崩壊につながることを、誰も気がつかなかった。おそらくは小泉氏一人をのぞいて。

そこで話は晩期小泉内閣に移る。実はこの残り一年の内閣で小泉氏はこれといった業績を挙げてはいない。改造後の布陣も、それまでと異なり、党と内閣の融和を図る方向を模索していた。小泉氏は本能的にこれまでのやり方にブレーキをかけた。改革の破竹の進撃が、田中政治を超えて政治そのものの破壊に至ったと感じたからではなかったか。政治家・官僚たたきが彼らの仕事への情熱を奪い、キャリア官僚へのなり手は減った。公共事業バッシングで地方の活力は失われた。

政治や行政には、普遍的になくてはならない暗黙のしきたりがある。意見対立を調整するため、あえて「有職故実」にこだわり、手数をかけるのもそうしたいわば「政治の文法」があるからだ。

小泉政治は、構造改革の実現へ向け既成の秩序を破壊せんと試みた。マスコミや世論と結託するさまは「小泉劇場」と呼ばれた。しかし、その赴くところ、田中政治はおろか、政治の文法までも壊してしまった。

かくてやる気がうせ、シニシズム（冷笑主義）が漂い始めるや、政治・行政のプロフェッショナルは一斉に自らの殻に閉じこもりだした。素人然としたマスコミや世論を沸かせることが政治・行政であるなら、もはやプロの出番はない。このとき以来、霞が関は暗い気分が満ちたままである。

これに気づいた小泉氏は、海のものとも山のものとも分からぬ安倍氏に官房長官を務めさせ、小泉政治の光と影のすべてを見せようと図った。だが田中政治も小泉政治も、経験の浅い安倍氏には、構造的に理解できなかった。帝王教育といっても、しょせんは畳の上の水練にすぎなかった。

安倍氏は経験不足を、イデオロギーを振り回す大政治と、補佐官を多用する小政治とを、

「お友達」ネットワークで支えることで乗り切ろうとした。その結果、官僚や政治行政のプロの知恵を利用する術《すべ》を知らぬまま、安倍内閣では裏側で恐るべき政治の崩壊がどんどん進行した。

心配いらない官僚支配回帰

俗にロジスティックス（兵站）という。これなしではどんな社会も運営できない。しかしそんなものをいくらやっても目立てない。誰かがやってくれたらそれでよい。かくてワラジをつくる人もカゴをかつぐ人もいなくなってしまった。カゴに乗りたい人ばかりではモノは動かないのだ。

三分の二の多数を得た晩期小泉内閣はこれを言い出しかねた。下手をすれば自らの足跡の否定につながり、また「抵抗勢力」との妥協といわれかねないからだった。これを受けた安倍氏は、王様が裸であることを暴露して自爆してしまった。

では次の内閣はどうすべきか。衆参のねじれ解消は容易ではない。まず手をつけるべきは、ねじれ政治運営のためにも、殻にこもり政治・行政のロジスティックスを気にかけなくなった人々に、もう一度立ち上がってもらうことだ。ともすると、マスコミや世論は田中政治的な官僚支配への回帰を心配する。しかし今や心配すべきは、政治・行政のプロをプロたらしめている調整能力やロジスティックスなど、暗黙知の再生ではないか。

小泉政治でやはり改革は一定の成果を収めた。これが後戻りすることはない。ただ晩期小泉政権から安倍政権にかけて、顕著となった「政治の崩壊」を断固として食い止めなければならない。

当面衆参のねじれ現象が続くとすれば、自民党と民主党は、新たな暗黙知を創造し活用しつつ、「政治の再生」を目指さねばなるまい。むろん、小泉政治で一躍重要なアクターとなった、マスコミと世論は、そこにもズカズカと発言権を求めて入ってくるだろう。

今や政治は、素人たることを振り回す彼らに、真正面から玄人の暗黙知を、可能な限り適切に――適当ではない――提示し、よりよき方向を目指すべき時を迎えている。

したがって、次期政権は「暗黙知」を再活用できる首相に率いてもらいたい。

Ⅱ

福田康夫政権——末期自民党政治の「小春日和」

「政治再生」への礎

――「暗黙知」の回復と再創造――

政治の崩壊が進んでいる。安倍政権の一年間で、政治家と官僚の間にはりめぐらされていた目に見えぬネットワークが完全に崩壊した。小泉政権は一方で壊しながらも、他方で創ることにも目配りしていた。そこでメディアと世論との関係についても、小泉と安倍では明暗をわけた。そして、「戦後レジームからの脱却」をひたすら絶叫し続けた安倍政権は、これまで――少くとも一九九〇年代以降――営営として築き上げてきた政治・行政における暗黙知の体系を、ものの見事に壊し機能不全をもたらした。

このように述べると、官僚支配の昔がよかったと言うのかとか、政治家の勝手を許した時代へのノスタルジアではないのかと、あらぬ誤解をうけそうだ。そうではない。「知らしむべし依らしむべし」の官僚政治や、本筋を議論せずして微調整にあけくれた国対政治は、もはや過去の遺物にすぎず、そんなものは暗黙知でも何でもない。ここで言う暗黙知は、およそ政治や行政を稼動させ進めていく時の見えざる文法のことだ。わざわざ言挙げせずとも、手短かに共通了解が確認されものごとがスムーズに動いていく。これができるのがプロフェッショナルと言うものだ。

そもそも制度や組織は、運営のソフトウェアが洗練されてこそ充分な機能が発揮されるのだ。だが安倍政権の〝おともだち〟はこれをまったく無視して〝自分流〟を押し通すことが、官邸主導の新しいやり方であると勘違いしてしまった。結果は周知の通り。参議院選での与党の惨敗であり、衆参のねじれ現象の出現に他ならない。衆議院は自民党のもの、参議院は民主党のものという、今は亡き長老竹下登の恐れていた悪夢が現実化してしまった。

ただ単にねじれ現象が生じただけならば、暗黙知に基づくソフトウェアを機動して調整する余地があった筈だ。しかし今回は、暗黙知の体系の崩壊――最終的には参議院選後の安倍の迷走の挙句、突然の辞任に象徴される――の果てに、ねじれ現象だけがとり残された形である。つまりソフトウェアが崩壊した段階で、制度や組織をどう機動させるかをあらためて考え出さねばならぬ事態に陥ってしまった。

国益毀損する国会運営――政治・国民のあるべき姿とは

だから政治はたちまち政局になりそうな趣きを見せる。それを避けるために、自民党はなだれ現象的に福田康夫を安倍の後継首班に据えた。小泉・安倍の六年半にわたる「改革」絶叫にくたびれ果てた自民党は、この党らしく箸休め、小春日和の城内平和を最優先にした。

だがそこではたと気が付く。小春日和は党内だけのことで、一たび与野党全体を見渡してみれば、解のない方程式よろしく、衆参ねじれ現象は手つかずのままなのだ。その悪影響は二〇〇八年度予算編成にも波及しつつある。これまで民主党の政策を「ばらまき」と喧伝していた自民党内でさえも、高齢者医療費負担増の凍結や、農業補助金の見直しなど「ばらまき」復活の動きが出始めている。さらに、新テロ特措法案についても法律の期限短縮や活動内容の限定など、参議院を通過させんためのものになっている。

周知のとおり、参議院での民主党優位の立場は六年間変わらない。従って、野党におもねり、このまま正論を欠いた中途半端な政策や予算を打ち出し続ければ、日本の国益を著しく毀損することは間違いない。差し迫る財政危機、そしてテロとの戦いにおける日本の国際的な立場に鑑みたとき、政治そして我々国民のあるべき姿はいかなるものなのだろうか。

今、考えられる解は、三つである。第一に一番すっきりするのは、解散・総選挙で民主党が過半数を占め、民主党政権ができることだ。しかし、「それは難しい」し、「そもそも民主党は政権党の体をなしていない」と、自らの政党を他人事のように批判した民主党代表の小沢一郎――大連立を党幹部全員に否定された後、党首辞任表明の折のこと――の言葉を即座に思い出す。多くの人が、民主党は自らこけてまたしても自民党の得点かも思った筈だ。おまけに幹部全員の慰留工作の結果、小沢は辞意を翻し党首留任という驚くべき事態が生ずる。続投宣言をした安倍の突然の辞任を、これでは笑えないではないか。安倍については、若さ故の未熟ということで説明がつくかもしれないが、いい年をした老練の政治家のこの動揺ぶりはどうしたことか。

これぞ政治の崩壊の一端を示して余りある。とりわけこれまでは政治家の出処進退は、一歩間違えれば致命傷になるほどの重大事であった。だからこそ暗黙知と見えざるネットワークが稼働して、知恵の限りを尽くした上でオモテに出るものであった。安倍といい小沢といい、与野党のトップリーダーが、なぜかくもコトの決定において軽くなり、刹那主義に陥ってしまったのか。メディアにさらされた彼等の姿のウラに、「実はね」という本来政治につき物のいわく話が無さそうに見えるのが、これまた気になる所だ。

ところが、ここにまた意外なデータが現れる。四〇パーセントから五〇パーセント台というすべり出し当初の福田内閣の高い支持率がジリ貧傾向を示した時のことだけに、自民党が盛り返し民主党がドカ貧になると、クロウトの多くは思ったのである。あにはからんや、自民支持は微増、民主党支持も微減に止まり、メディアによっては増加傾向をはっきり示した。そして大阪市長選における民主党候補の勝利と続く。果たしてあの大連立騒動とは何であったのか。なおも民主党に追い風が吹いた理由は何なのか。

古き良き暗黙知を回復し新たな政治を創造せよ

答は一つだ。国民の中にジワジワと政権交代願望が強まりつつあり、それは、小沢個人の出処進退をこえて、自民党の出処進退を問う空気になりつつある。やはり防衛省スキャンダルは重い。もはや新テロ特措法案や給油問題とそれは不可分のものになってしまった。「あれはあれ」「これはこれ」の可分論は成り立たない。しかも小泉・安倍と続いた「改革」政権の暗部として、今や国民に認知され始めている。

確かに福田内閣には責任のない話だ。しかし福田内閣の暫定感がぬけず、新たなメッセージが出せず、閉塞感が強まれば強まるほど、国民の間に、簡単な解を求める気分が醸成されるのではないか。そのためには、これまでの政権の構造を変えるべきだ。もっとも、政治の崩壊の突破口が、政権交代に求められるか否かはわからない。クロウトでありながらおたおたする政治家たちを尻目に、シロウトたる国民は何はともあれ、一度変えてみようと本能的に感じ始めているのではないか。

あとの解はいずれも難しすぎる。第二は言わずもがなの大連立である。今、自民党が野党にならぬため最も望んでいるのはこれだ。今回の騒動でも福田首相の独断専行にもかかわらず、批難めいた声がほとんど出なかったのは、このためだ。総選挙の後には、選挙結果の如何にかかわらず、自民党は政権の一翼を担い続けるため、大連立の成立へむけての努力を惜しまない筈だ。しかも大連立論の向かう所、「憲法改正」が中長期的目標には入ってこよう。

しかし大連立は未来永劫続くものではない。政治の崩壊が進んだ今日、大連立を継続する工夫には想像を絶するものがある。そもそも緊急避難的措置であるだけに、大連立は賞味期限限定となろうが、「増税」といった実質的争点ではなく、「憲法改正」などのイデオロギー的争点が具体化した時には、かえって両党内に分裂衝動が生じ、そこで新なる政界再編成へとむかう道筋が明確となろう。

第三は視界不明のままの、突然の政界再編成による自民党政権の継続である。一昔前ならば、ねじれ解消のためにまずは参議院民主党を割るということに、与野党あげて血道をあげたであろう。民主党から十七名が離脱し新会派を結成し、自民党と小連立を組むという図式だ。だが今はこの手の手練手管にたけた政治家が、すっかり鳴りを潜めてしまった。もう、いなくなったと言ってもよかろう。しかし今の状況下で、大連立以上にこの解には大義名分がない。メディアに散々たたかれ、党利党略と決めつけられる政界再編成は、まず考えられない。

と言って、「しかし」と限定を付さねばならないのが、「一寸先は闇」の政治の世界ならではのことだ。それは他でもない、先の大連立騒動の収束段階でささやかれた、小沢の脱党と参議院新会派の結成である。新進党解体、自自連立の前科のある小沢に、「まさか」がないとは言えまい。しかし今度こそは、原敬政友会総裁の後継者と目されながら政界漂流のあげくに政権亡者と化した床次竹二郎と同じ運命が待ちかまえていることとなろう。

いずれにせよ遅かれ早かれやってくる解散・総選挙で、与党は今の三分の二の多数は確保できない。後はいかに与党有利の状況を作り出すかにかかっている。ことは防衛省スキャンダルだ。検察も二十一世紀に入ってからは、劇場型司法になっている。国民や世論がどう決断するかをじっと見ている。見あって見あっての体制は、政治の世界に限られないのだ。

かくなる上は、日本国憲法体制が成立した六十年前、当時の吉田茂首相が、憲法上の権限を駆使したように、与野党ともに、三分の二再議決、問責決議、国政調査権、内閣改造、そして衆議院解散権といった、政治・行政を担う組織や制度が本来もっている権限を、今こそ知恵を絞って用いるべきだ。新しい政治を創造するためには、古き良き暗黙知を回復すると共に、制度上の権限をフルに発揮することを通して、新たな暗黙知を作り出していく営みが、今一番求められていることなのだ。

「民主党のねじれ」と「大連立」の誘惑

まず参院選の大敗、そして安倍さんの辞任を受けて、福田政権が誕生しました。派閥の領袖たちが前面に出てくる従来型の自民党の総裁選出プロセスが久しぶりに現れた局面だったのですが。

まず自民党はねえ、とにかく疲れたの。つまり小泉純一郎と安倍晋三という総裁、これが合わせて六年半ぐらい続いたわけですよ。この六年半っていうのは、絶えず党内にはいろんなざわめきが起こり、小泉さんは「自民党をぶっ壊す」とまで言ったわけですからね。で、やっぱり党内に従来からいた人間にとってみればとんでもないことが起きてたわけで、疲労感というのはすごくあった。嵐ばかりではなく、小春日和がきたほうがいいと。だから今回、福田さんへの雪崩現象が起きたんだと思う。

で、今回の党役員人事は、古賀（誠）さんが選挙対策委員長になって、二階（俊博）さんが総務会長で、そして伊吹（文明）さんが幹事長、そして政調会長が谷垣（禎一）さんだと。あれが出たときに「これで上手くいきます。これはレコードで言うとA面／B面です」という人がいた。つまりA面は表と上手くやれる人、だから伊吹さんと谷垣さん。で、B面は強面路線の悪相コンビ、つまり古賀さんと二階さんだと。この両面で役割分担していくんだから自民党は上手くいくというんだけど、僕はそうじゃないと思う。つまり昔の自民党だったら悪相でもいいから、古賀さんをピチッと幹事長に据えてましたよ。それが、もうできなくなってるわけ。そうすると古賀さんはおねだりして、選挙対策委員長を下さいって話になるんだけど、そこがもう既に彼らの限界なわけ。今だって既に出てきてるけども伊吹幹事長にしたら、おもしろくない。お金と公認権を全部取られた幹事長なんて何もないんだからね。そういう変則事態が、今の自民党は旧勢力と新勢力がいわば相半ばして、ちょっとの間だけ仲良くしてることを物語ってますよ。

「衆参のねじれ」と「民主党のねじれ」

じゃあ民主党のほうはどうかと。とにかく参議院選挙で勝った、これは事実です。ただよく言われるようにその勝ち方っていうのは、民主党の本来の主流である人たちが好まない、選挙区を潰して歩くというやり方だったわけ。しかし小沢さんはやったわけだよね。で、やった結果が一人区での大逆転。ただよく言われるように、農業問題、教育問題といった公共政策に関係するようなところで、まあばら蒔きに近いことを約束しちゃった。これで勝ったわけですよ。だから勝ったときに岡田（克也）さんが、「しょうがないでしょう、勝ったんだから」という言い方をしてね（笑）。つまり彼としては、かつての自民党のばら蒔きみたいな約束して勝ってどうするのと。その自民党と決別した民主党でしょうと。つまりそこが既にねじれなんだよね。

だから小沢さんはわかってたと思うの、俺のやり方で勝ったと。ただ小沢さん自身が、本当にあのやり方がいいと思ってるかどうかは疑問なんだな。つまりあの人は、ばら蒔きはやめようっていうことで最初に自民党を出たわけでしょう。彼の『日本改造計画』は、まさに小泉さんがやった市場主義・自由主義でいこうっていう話だからね。ただそれは全部やられちゃったわけだから、民主党は逆をやらなきゃいけない。だから格差是正って言うわけだ。これやっぱり真剣に小沢さんは悩んだと思うね。彼自身がねじれを一番よくわかってる。で、次に衆議院選挙をやりますと。今百十かそこらだけども、単独過半数で勝つために民主党は二百五十以上に持っていかなくちゃいけない。要するに倍以上だよね。勝てるか？と考えたときに、彼はなかなか難しいという判断に至った。

小沢さんの中で、すごくリアリスティックな政治判断がなされたということですね。

そうそう。まず無理だろうと。しかもさっき言った小沢方式、つまりひとつひとつ選挙区潰してということを古賀さんはもう始めてるわけですね。しかし自民党の戦略のほうがラクなのは、要するに次の衆議院選挙は勝たなくていい、そのかわり負けなければいい。つまり三分の二を割ることはもう間違いないんだから、割った歩留まりで二百五十ぐらい取れば、また自民党政権ができるわけ。で、これは比較的プロがやるとやりやすいんだよ。（小泉）チルドレンとかわけわかんないのは全部減らして、最終的には歩いた奴が勝ちよっていう、つまり小沢さんが参院選でやったのと同じ方式で戦えばいい。

で、小沢さんももちろん、今度の連立論が出る前は同じ方法で選挙やると言っていた。いよいよ俺もまた歩きまわると。でもこれ、自民党はいいんだよ。福田さんの場合は自分が出ていかなくても、そういうことが好きな古賀一派に任せればいいわけだから。ところが小沢さんの場合は、党首自らが歩かなきゃいけない。これは辛い。鳩山（由起夫）幹事長ができるわけないんだから。

（笑）できないですか。

できない！　そうすると、これ相当ね、彼の肉体にはやっぱりくたびれがきてると思うんだよ。これはもう疲労。そうすると「ん？」と考えたときに、大連立論に乗ろうというのは、小沢さんにふっと湧いた誘惑だったと思うんだよね。

今のお話を聞いてると、結局追い詰められたのは自民党ではなく小沢さんのほうだったということでしょうか。

そう、僕はそう思うの。参議院選挙に勝ったときから実はそういう矛盾があったのに、一切それは報道されなかったでしょ。つまりねじれって言うけど、それは衆参のねじれじゃなくて実は民主党のねじれだろうと。だから確かに安倍自民はもうボロクソに負けたんだけど、逆に言うと三十七議席は取ったわけ。ということは、今の自民党がばら蒔きだとか公共事業を約束しなくても三十七ぐらい取れたというのはこれ最後の底力だよ。ということは、これまた逆説的になるんだけど、いわゆる「党改革」っていうことを考えた場合に、自民党はここで一挙に小泉路線を追求していけば、一切そういうばら蒔きをやらなくなるわけだ。その意味での党改革ができるとしたらむしろ自民党のほうが一歩先に行った感じがするね。逆に古い体質に戻っちゃったわけですよ、民主党は。自民党的体質が身に付いちゃったというかね。

小沢一郎に同居する矛盾

で、場面をちょっと一転させて、話を構造的に考えてみる。そうすると衆参がねじれてる状況はいつ解消するんだと。解消する方法っていうのはふたつしかなくて、ひとつは次の総選挙で民主党が勝つこと。これはもう民主党支持者はみんな狙っていて、それが一番簡単な方法。そうじゃない場合はどうか。また同じねじれ現象が続く。そうすると衆参のねじれが解消されるためには、今までのケースから言うと九年はかかるんですよ。そんなに待てないですよ。そうするとこのねじれを力ずくでも解消しなきゃいけない。その力ずくの解消法のひとつは、大連立。そしてもうひとつは政界再編ですよ。つまり政界再編というのは、参議院の民主党を割って、そこから人間を取り出して――それが新しい政党になるのかなんだかわかんないけど、そこと自民が連立なりを組むことによって、衆参両方とも自民党＋αで政権を維持する。これならば解消するわけね。

じゃあ大連立の場合は。これは民主党の内部からしたら、選挙のあとならまだしも、今言うのは早いんじゃないのっていうことなんだけど、なぜ小沢さんが今回ああいう判断をしたのか。

僕が見てきた感じで言うと、小沢一郎という人間の中には政局志向と政策志向が同居してる。だから政局志向が極端に強くなったときには、彼は二大政党でも何でもみんな捨てちゃうわけ。二大政党と言ったってすぐにはそうならないし、次の選挙に負けたら相変わらず自民党政権だよね、だったら今から連立の準備や話し合いは始めたほうがいいよねっていうのがおそらく彼の考え。そのとき彼の頭の中に、民主党を支持してる国民や民主党の幹部を裏切るんだという考えは浮かばない。なぜ浮かばないか、それは民主党の幹部はダラ幹であると、自分に重荷だけ背負わせておまえたち何してるんだっていう気持ちが小沢さんの中にある。だから彼が辞任演説のときに「民主党は政権政党としての体をなしていない」って言ったでしょ？　あれは幹部批判なんだよ。おまえたち人にやらせといて何もせんだろうと。

おまけにせっかく大連立の話を持ってきたのに、何もしない幹部が「いらない」と言ってきたと。

否定した。「何だよ？　これは」と。俺がせっかく持ってきた話なんだから、このとおり通せっていうのが彼にはあったと思うんだよね。

そして今回僕が意外だったのは、福田さんも独断専行的に大連立に乗り出したときに、自民党内は民主党のような怨嗟の声がなかったでしょ。やっぱりあの党がすごいなあと思うのは、自由民主党っていうのはある段階で、言葉には出さないけれども、絶対に曲げてはならない原則っていうものを立てた。それはどんなことがあっても与党であり続ける、どんなことがあっても野党にはならないということ。細川連立政権のときに野党になって、二度と野党になるのがヤだと思ったんだね。これ変なんですよ。どこの先進国の政党でも、野党経験のない与党はないし、逆に与党経験のない野党もないのに、日本の場合はあの長く続いた五五年体制のもとで、永久に与党であり続ける自由民主党と、永久に野党であり続ける社会党に分かれちゃった。共に与党経験と野党経験しかない。で一時期、連立与党になった社会党は結局自由民主党に抱きつかれたまま、役に立たなくなったら放り出されて、滅んでしまった。で、今公明党も危ない、抱きつかれて。だから自民党からしたら、大連立で民主党を抱き込んでも大丈夫だっていう安心感を持ってると思う。民主党を上手く使い、民主党の言うことをいわば先取りすると。あの政党ほどうわばみのように人の言うことを飲み込んでいく政党はないですからね。

だから大連立っていうときに小沢さんが考えてたのは、そういう自民党を逆に連立することによって割ると。これは新進党のときもやろうとしたし自自連立のときも自民党の中を割ろうと思ったんだよね。結局割れずに彼は飛び出しますけどね。もう彼の悲願は自民党をとにかく完璧に割ることだから。それは小泉さんが自民党をぶっ壊すと言ったのとはわけが違う。小泉さんは自民党をぶっ壊すと言いながら、彼の政党にして生き残らせるっていうのが方針だった。小沢さんは本当に破壊しようとしてるから。で、壊して新しい政党に政権をとらせたい。で、その政党がほんとに小沢さんの言うこと聞くかどうかわからないけども（笑）、彼自身としては一挙手一投足乱れない小沢党っていうのが新しくできればいいと思ってるわけね。

ただね、この大連立の仕掛け人と称してる渡邉（恒雄）さんとか中曽根（康弘）さんたち、彼らは要するに日本国家のために今政策が止まるのはまずいから、大連立だというわけ。でもさっきからの僕らの議論でひとつ忘れてるのは、ほんとに小選挙区制の下で大連立できますかっていう大問題。そうするとねえ、これ制度的に変えたらどうですかっていう話になる。

■ え？ 選挙制度改革をまたするということですか。

そう。ここで中選挙区という名のオバケが出てくるの。間違いなく渡邉さんは中選挙区を考えてる。僕はもう中選挙区なんてのは、とっくに滅んだ思想だと思ってた。ところがほんとに渡邉さんがチラッと「選挙区を変えればいい」って言ったの。大連立という大義の前には選挙区なんかどうでもいい。これは実現できるかどうかは別ね。でも発想としてはそういう発想が出てきちゃうわけ。ただ小選挙区になってもう十年ですから、小選挙区制だけで当選してきた人っていうのが大体もう六割以上ですよ。で、中選挙区を知ってた人っていうのはもう死に絶えるわけだよ。だから、僕はそういうことからいってもこんな議論は起きないと思ってた。でも時折、自民党の政治家たちや公明党の人たちが、会合をやっては「中選挙区に戻したいね」とか言ってるわけね。小選挙区が諸悪の根源だと思ってる人はまだいるわけ。要するに身近な話題で選挙がコロッと変わるっていうことになったと。中選挙区だったらもっと大局的にものを考えられたはずだっていう、これまた変な幻想が生まれてる。公明党なんか特に中選挙区に戻したいし、この案には共産党も乗るでしょう。つまり小党はやっぱり中選挙区が懐かしいんだ。それからもっと言えば、民主党の中でもいわゆる左派や組合の勢力で当選してきている連中も、本当は中選挙区のほうがラクなんだよ。政治ってわからない。死火山が活火山にならないとは限らないのね。あとは大義名分だけですよ。

お話を聞いてると展開によっては、また政治が後退していくのかと非常に悲観的になっていくのですが。

そうだねえ。だから政治の方程式って複雑であって、むちゃくちゃにやると答えが出てくるっていうところがある。で、もっと言ってしまうと、じゃあ渡邉さんたちが考えてる大連立って何なのかと。彼らも当然、大連立が長く続くとは思ってない。そうすると大連立の間に何をやるのか。僕は彼らが最終的に考えてるのは憲法改正だと思うんだよね。憲法改正はいずれにせよ大連立的状況でない限り発議できない。もちろん改正項目で一致するかどうかってのは別だけども。で、おそらく一番にくるのは九条改正。まあ世論的に九条改正が通るかどうかってまた別問題だけども、しかしそういう問題を含めて議論はしてもいいんじゃないのと。で、これをガンガンやっていくとね、ほんとに通るかどうかは別として、いよいよ憲法問題を巡って両党が割れる可能性は出てくるよね。これだったら自民党も割れるかもしれない。自民党の中でもやっぱり憲法問題に関してはハトとタカは決定的に違うから。当然民主党の中もそう。財政問題とかそんな問題ではなかなか、党は両方とも割れないんだけど、イデオロギーと防衛、言い換えると外交安全保障の問題に関して言えば、これは党が割れる可能性がある。そうすると大連立をやって散々もめて、結局憲法改正はできないけどもお互いこれじゃいかんというので、そこで党が割れて政界再編。この道もあると。

地方が変わり、そして投票行動が変わる

ただ一方でね、これは僕もなるほどと思ったんだけども、今回の参院選では、みんなが一斉に民主党に投票した。で、民主党はばら蒔きを約束した。自民党は疲弊した地方に対して民主党のようにばら蒔きを約束しなかった。すると今まで無条件で自民党に入れてきた農村票が全部民主党に引っ繰り返り、それで今回民主党に勝利をもたらしたと。これは確かにそのとおり。でもね、鳥取県知事だった片山善博さんとこの前話をしたときに、「御厨さんね、それは違うよ」と。だって今まで彼らが自分の意志で、票を投じる政党を変えたことなんか一度もなかったと。ということは、もうばら蒔きでは立ち行かないっていうことを感じたときに彼らの投票

行動が次にどうなるかっていうのは、当たり前のように自民党に入れてたときの思考停止の状態とは明らかに変わるんだと。片山さんってやっぱりよく見てるなと思ったんだけど。で、「それはどういう事情で起きたんですか?」って訊いたら彼はこう言った。それはもう間違いなく平成の町村合併だと。これまで自民党の政治家のお偉いさんと有権者との間をつないでいたのは町長であり村長であり、それからその議会の議員であると。ところが今それがなくなった、つまり中間管理職がいなくなっちゃったの。ということは無媒介に政治家と有権者がつながるようになった。そうすると有権者から見ると自民党の政治家は、偉過ぎるし勝手なことを言ってる。その部分を今までは全部この辺の中間管理職が「まあまあ、あの先生はそう言ってるけども、本当はこの地域のことを考えていなさるんだ」とか言って説得をして投票させてた。ただこれがいなくなったんだと。すると彼らはようやくくびきから解き放たれたんだから、次はいよいよ本当に自分たちの地域にとっていいことは何かっていうことを考えて、投票するんだよって。そこに期待したいっていうのが片山さんの議論でね。これは確かに説得力を持っている。小選挙区制を導入したことによって都市でも、ある時期から自民党に入れる、民主党に入れるっていう一回一回の投票が、政治を変えられるんだと有権者が感じた。それが今度は農村で起こってると。有権者の投票行動のモチベーションに明らかに変化が起きてきてるというね。もちろん小沢さんは選挙区を歩いていて、それぞれ固めて小まめに歩いてっていうことはあるんだけども、しかしそれがかつてのようにほんとに黄金のばら蒔きにつながると思った人はどれだけいたのかと。つまり、ばら蒔きではもう政治がやれなくなるっていうスローガンが、どれだけ彼らのところに届くかにかかってるよね。そうするとまた政治が変わると思う。この一年間で見せてくれた政治の可能性と広がりっていうのはけっこうおもしろいものがあるなと、僕はそう思って見てますけどね。

（聞き手＝洪弘基）

「衆参のねじれ」の真の問題
――憲法の「運用」能力の喪失――

対応できない政党側の問題

「ねじれ国会」といわれるが、憲法は再議決の要件を規定するなど、起こりうる事態と想定していた。にもかかわらず、いまは政党側がまったく対応できていない。政党内で衆院側が参院を調整できないばかりか、衆院内での調整すらできていない。

与党は衆院の三分の二の議席に頼るだけで知恵を出していない。知恵があれば、与野党間協議を動かす方法も出てくる。憲法の規定ではなく、政党側の運用に問題がある。

政権与党の立場は野党とは異なる。福田康夫首相はぼやくのではなく、苦境をどう乗り切るかが問われている。だが、与党内のコミュニケーションができていないため、状況は悪化する一方だ。

首相がいま取り組まないといけないのは、揮発油（ガソリン）税の暫定税率と後期高齢者医療制度（長寿医療制度）のはずだが、「泥をかぶってもやる」という姿勢は見えない。「だれかがやってくれるだろう」では、調整できるはずはない。

首相は道路特定財源の一般財源化を提案したが、与党は十年間の道路整備計画を前提とした法案を通すという。そうした姿勢が国民の政治への信用を失わせている。

対する民主党は、首相問責決議案提出を検討しているが、法的拘束力はない。それでも国民から「なぜ辞めないのか」という議論は出てくるだろう。ただ、世論頼みで、与野党双方が勝算ばかり考えている現状が、国民の不信感を増幅させている面もある。

早期解散で民意問うべき

自民党優位の「一九五五年体制」は衆院本位の体制だったが、九〇年代に小選挙区制導入などで衆院を変えた結果、逆に参院に変化が起き、衆参両院は平等に近づいた。

差別化のためにも、参院はもっと人数を減らし、政策をじっくりと議論できるようにすべきだ。日銀総裁人事で問題点が明らかになった、衆院の優越性を明確にする必要もあるだろう。

一方、安倍晋三前政権の退陣で弱まった憲法改正の流れは今後、与野党の合意形成が機能し始めると、再び浮上してくる可能性がある。二大政党間に改憲への認識で共通する部分は多いからだ。

政治が機能を失った現状は、次なる体制への過渡期とみるべきだが、その後の体制はまだ見えてこない。だが、政治は解散によって動く。

いまの衆院は二〇〇五年の郵政解散の民意だ。早期に解散して新たな民意を問うべきだろう。

存在感を失う公明党

――長すぎた連立与党時代――

公明党はこの秋、自民党と連立政権を組んで十年目を迎えます。しかし、長期にわたって政権にいたため「与党ボケ」してしまい、自民党の一派閥のような存在になってしまいました。与党はこの五カ月間に三回、衆院で再議決をしました。その結果、インド洋での給油活動が再開され、ガソリンは値上がりし、五十九兆円の道路特定財源が確保されました。

公明党は元来、自衛隊や安全保障の問題にはきわめて慎重な党でした。支持母体の創価学会の婦人部や青年部も以前なら猛反対したはずですが、今回はあっさり許してしまいました。与党とはそういうものだ、という慣れがあったように思われてなりません。

道路問題でも、所管する大臣が身内の冬柴鉄三氏だったために身動きがとれなかった側面はあったでしょう。ただし、その冬柴国交相自身が、自民党の道路族以上に道路の必要性を説いたのですから、お話になりません。

現状を見る限り、福田康夫首相や自民党執行部だけでなく公明党まで、世論の動きや国民の動向にものすごく鈍感になっています。

公明党の立党の原点は「大衆とともに」の精神であり、「清潔・人権・平和・福祉」といった価値を重視するのが基本でした。「大衆とともに」とは、目線を低くして、貧しい人々の苦しみを共有することでした。平和・反戦イデオロギーに突き動かされて行動した純な部分もありました。

ところが、与党になってからは、公明党議員の関心は、いかに補助金を獲得するかといった「小さな政治」に集中した感があります。信仰やイデオロギーに基づく高い理念を掲げ、「大きな政治」を語るところが公明党の魅力だったし、それがある種の「怖さ」も生み出していたのに、今はまったくない。与党暮らしをするうちに初心を忘れてしまったと言わざるを得ません。

自民党は、公明党はどんなことがあっても自分たちについてくると、完全に足元を見ています。そのきっかけをつくったのは小泉純一郎元首相でした。

小泉政権では、首相の靖国神社参拝が繰り返され、インド洋での給油活動に自衛隊が派遣され、イラク戦争にも進んで協力しました。公明党はそれでも連立離脱を言いださず、ひたすらついていきました。

イラク戦争への賛否をめぐる問題は、公明党の独立性を示す最大のチャンスでした。あのとき公明党が反対していたら、自民党内は動揺し、小泉政権が危うくなる場面もあったかもしれません。

しかし、結局、賛成してしまったことで、平和の党だったはずの公明党は完全に自民党の補完勢力になってしまいました。

次の安倍政権でも、公明党は教育基本法改正や防衛庁の省昇格に賛成しました。憲法改正だけでなく集団的自衛権の行使まで積極的に認めようとした安倍晋三前首相ともうまくやろうとしたわけですから、「公明党らしさ」が出るはずもありません。

昨年（二〇〇七年）の参院選で、公明党は議席を減らしました。しかし、衆参がねじれた結果、むしろ優位な立ち位置を手に入れました。ポイントは三つあります。
①第三党である公明党は、自民党と民主党の大連立を恐れてきたが、昨年の大連立騒動の経緯を見る限り、大連立は当面ない。
②衆院で三分の二による再議決が、今の福田政権の「命綱」だが、公明党が離反した瞬間、衆院の三分の二の優位は消えうせる。
③次の総選挙で公明党と創価学会の応援がなければ、自民党議員の多くが討ち死にするのは

確実。

つまり公明党は、真のキャスチングボートを握ってしまったのです。

使いこなせない連立離脱カード

公明党や創価学会の内部には、現状への不平・不満のガスがたまっています。それを爆発させる核は「連立離脱カード」でしょう。

しかし、キャスチングボートを握った公明党は、この強力なカードをちらつかせて自民党からさらなる譲歩を勝ち取ろうとはしません。もっと正確に言えば、「しない」というより「できない」のです。

長年の与党暮らしで、公明党はうまみを大いに味わってきました。政権を離脱してもっと明るい展望が開けそうなら努力もするのでしょうが、今の公明党にはそうした絵を描ける戦略家がいません。

いくら選挙で集票力があっても、それを交渉力に変えられるかどうかは、政治家の力量の問題です。太田昭宏代表や北側一雄幹事長は官僚的で手堅いけれど、大きなギャンブルができるタイプではない。自民党だけでなく公明党でも、人材不足の感は否めません。

政権を離脱したら、自民党が意趣返しで、創価学会の池田大作名誉会長の証人喚問などを言いだすのではないか、といった懸念も、公明党の動きを鈍らせる要因でしょう。

時には政権から離れ、自分たちのありようを見直すという作業は、政党にとっては必要不可欠なものです。しかし、いったん与党になったら、どんなことがあっても下野したくないという「与党シンドローム」に公明党も陥っています。

このままでは、公明党が自民党と一緒に沈んでいくのは確実でしょう。ただ、一定の組織力と集票力は残るので、それをどこに「売る」かが問題です。

新たに民主党と組むにせよ、自民党と復縁するにせよ、連立を組み直すには大義名分が必要です。「どの道路に補助金を付けるか」といったことは大義名分になり得ませんから、野党に戻った公明党はもう一度、「大衆」「平和」「福祉」といった立党の原点に立ち返ることになります。

現状のまま「目を覚ませ」と言われても、公明党議員の多くは、「どうやって目を覚ませばいいの？」と途方に暮れるでしょう。

せめて自民党内にアンチ公明勢力があれば、公明党側も目が覚めて頑張るのでしょうが、今の自民党議員はだれも公明党を恐れず、警戒していません。緊張感がないと統治能力は低下します。

今の公明党の課題は、強力なカードがあるのに、それを十分に活用できる統治能力がないことではないでしょうか。

政治家育成システムの崩壊
——小泉改革の負の遺産——

■今回の福田康夫首相の辞任をどう思いましたか。

総理大臣の地位というのが、かくも軽くなったか、というのが正直な感想です。しかも、途中で投げ出したのは彼で二人目。一年前には、安倍晋三前総理が同じように突然、辞任した。この二人に共通しているのは、どちらも内閣改造直後の辞任だったこと。最も悪いタイミングで辞めてしまいました。

仮にも総理大臣という権力の座にあった人でしょう。権力の重さや責任を理解していれば、普通こういうことはやりません。そうでしょう。会社の社長が役員を選任した後、誰にも相談せずに辞めるということが考えられますか。

明らかな敵前逃亡。これは、国民にとてつもない不信を与えます。そういうことすら考えない人が、日本の総理大臣をしていたのか。日本政治の崩壊。行き着くところまできた、と感じています。

福田首相は臨時国会のスケジュールなどを考えて、このタイミングを選んだようですが。

勝手に辞めるというのは、やはり勝手な行為でね。辞任の時の会見も本当にいただけなかった。全部を民主党の、ねじれ国会のせいにしていたでしょう。衆参のねじれは、どの総理大臣にも解決不能な難題ですよ。

でも、それをどうこう言うのは愚痴であり、その中で物事を処理していくのが総理の仕事でしょう。総理とは何であるか、その自覚すらなかったんでしょう。そういう意味でも本当に驚いた。

おのれの非力を自覚し続けた一年

福田政権とは何だったのでしょう。

福田さんには申し訳ありませんが、ねじれ国会に翻弄されて何もできないという、おのれの非力を自覚し続けた一年だったのではないでしょうか。実際に、内政では見るべきものは何もない。四～五月に道路特定財源の一般財源化をぶち上げましたが、案の定というか、予算策定まで総理の座にとどまることはできなかった。

外交面は日中関係の改善や先進八カ国首脳会議（サミット）の開催など目立ったイベントがありました。ただ、福田さんが何か積極的に動いて実現した、というわけではありません。防衛省改革にしても、今回の辞任で改革案はお蔵入りでしょう。

様々なところに目を配りながら同時に政策を進行していくことが政治です。でも、安倍さん、福田さんと段々、視野狭窄になっている。これまでの政策を見ても、安倍さんの視界、福田さんの視界に入っていることだけしかやっていない。

本来の政策とは、長期的な視点に立った幅の広い、重層的なものです。それが、何も行われていない。今回の補正予算も、赤字国債を出してでも定額減税を導入せよ、という公明党の主張に押し切られ、総選挙を意識したバラマキ色の強いものになりました。足元の状況を映す小さな窓からだけ見て、日本全体を見ていない。本当に小さな政治になっています。

■二年連続で総理が辞任する。なぜこのような事態になってしまったのでしょうか。

端的に言って、小泉純一郎政権の功罪でしょう。小泉さんは自民党を壊すと言いながら、結局は壊さず、二〇〇五年の郵政解散で衆院の三分の二以上を獲得するという大勝をもたらした。これは、自民党にとっての「功」でした。その一方、「罪」もあると私は考えています。一つは後継者の育成です。

「橋本の後は小渕、しかしその後が見えない」

一九九〇年代、自民党の中には構造的な変化が起きました。自民党の派閥には賛否両論ありますが、実際に派閥が機能しなくなると、派閥の長って結構偉かったのでは、という話も出ている。総理総裁を目指すと言って、派閥の長は多くの政治家を付き従えていました。そして、派閥の中で政策や政局運営の勉強をしていた。いわば、政治家のスキルを磨く場でした。

この派閥は人材育成の場でもありました。私は一九九〇年代中頃、竹下登元首相にインタビューをしたことがあります。ちょうど橋本龍太郎政権でしたが、この時に竹下さんはこう言っていました。

「橋本政権が倒れればその次は小渕（恵三）だろう。ただ、小渕の次が見えない」。裏を返すと、派閥を中心とした自民党の後継者育成システムの中では、良くも悪くも「次」の総裁や「次の次」が見えていたわけです。

「小渕さんの後はどうするのですか」

インタビューで私が尋ねると、竹下さんは「これから若手を集めて勉強していく」と語っていました。しかし、そうこう言っているうちに竹下さんは病に倒れ、最後の星だった小渕さんも亡くなってしまった。派閥を中心とした自民党の後継者育成システムは終わりを遂げたのです。

密室話し合い、泡沫候補、そして……

実際、小渕政権後、自民党のやり方は一切、変わりました。これを言うと森喜朗元首相は怒りますが、森政権は五人組による密室で決まったわけでしょう。じゃあ、その次の小泉首相は自民党の中の必然で決まったか、と言えば、小泉さんも最初は泡沫候補。総裁選では橋本さんが勝つとみな思っていた。

小泉さんは五年半政権を維持しましたが、この間、新しい後継者育成システムは生まれていない。それどころか、小泉さんは後継者の育成には失敗した。だって安倍さんも福田さんも小泉政権で頭角を現した人でしょう。

ご存じの通り、安倍さんは小泉政権で官房副長官を務め、幹事長、官房長官を経て総理大臣に上り詰めました。福田さんも小泉政権で官房長官を務めています。

この二人が後継になり、一年弱で辞任したということは、小泉さんの後継者育成が失敗したことを意味します。その意味において、派閥を壊した小泉さんは本当に自民党をぶっ壊した。あまり指摘されていませんが、小泉さんの後継者育成の失敗は日本の政治にとても大きな影を落としている。次を誰に託すか。それをやるのも総理の役割。これは、小泉さんの罪です。

派閥政治が崩壊し始めた九〇年代後半から、十年後の今の姿は見えていた、ということでしょうか。

そう、見えていた。かつての「三角大福中」のように、自他ともに認める人がいて、派閥で切磋琢磨するという時代ではなくなった。派閥が崩壊した結果、ほんとに人がいなくなった。もちろん、派閥を復活しろ、と言うつもりなどはありません。

ただ、政治家を育成するシステムが完全に壊れたことは大きい。「人材の育成」と政治家はよく言いますが、育成が必要なのはむしろ政治家自身の話。今回の福田辞任に教訓があるとすれば、政治家育成システムをどう作るか、ということではないでしょうか。

世論を味方にした小泉

小泉政治の「罪」はほかにもありますか。

まあ、これも功罪ありますが、テレビポリティクスでしょう。一九九〇年代からテレビを利用したテレビポリティクスは見られました。ただ、小泉さんは自ら主導権を取り、テレビポリティクスを押し進めた。議会の中では多数派ではないが、世論をうまく使うことで自分の政策を実現してきたわけです。郵政民営化はその典型でした。

テレビをうまく使う小泉方式は、うまくいけば魔術のようにすさまじい効果が得られる。小泉さんの後に続く政治家はやはりテレビポリティクスを踏襲せざるを得ない。批判的だった福田さんだって、テレビとの関係が切れるか、と言ったらそれはできなかった。安倍さんも福田さんも、小泉純一郎という総理の呪縛に囚われていた。

もちろん、テレビポリティクスを否定しているわけではありません。使えるものは何でも使う。それが、権力者であり政治家の務め。テレビが政治と国民の距離を縮めるのであれば、テレビを徹底的に活用するのは悪いことではありません。政治というのは、ありとあらゆる資源を導入して行うものですからね。

ただ、限界もあります。テレビを政治にどう生かすか。今は試行錯誤の段階。それに、小泉さんのように瞬間的に利用できる人と、そうでない人はいる。小泉政権のきちんとした検証は、政界やマスコミ、学界での今後の課題でしょう。

それにしても、総理の椅子が軽くなりましたね。

ある意味、誰でも総理になれる時代になったということでしょう。今回の福田首相の辞任を受けて、テレビや世論は次のゲームを探す。次のゲームとは、端的に言えば衆院選です。じゃあ、衆院選に勝てるタマは誰か、という話になりますよね。小選挙区制の今、政治家は自分が選挙で勝てるタマを応援する。その先はいらない。そうやって選ばれた総裁は、政策なんて考えていられないよね。

民主党という自民党に変わり得る政権政党ができたことも大きいと思います。かつての自民党は、社会党という、絶対に与党にならない万年野党を抱えていました。自民党と社会党の間では絶対に政権交代がないわけです。

ところが、今は場合によっては民主党に政権が行くかもしれない。これは、自民党にとって大変な脅威。自民党は野党になりたくない。だから、目先の人気に走る。これは、健全な二大政党制とは言えません。

五〜十年の英国、短期決戦の日本

小選挙区制の下では、国民の人気が高いリーダーを政治家が求めるのはやむを得ないのでは。

英国がよい例ですが、保守党と労働党の間で、五〜十年の周期で政権交代が起きます。つまり、五〜十年で自分の党の政策を決めなければならない。そして、自分のところの政策を決め、その政策を実現するために、最適なリーダーを選ぶ。五〜十年の政策を託すリーダーを決めるわけだから、必然的に若返る。それに対して、日本はすぐにお取り替えになる。これでは若返るはずがありません。

熟成された民主主義の中では、十年ぐらいの長いスパンで物事を考えていくことを習慣づけられている。だが、日本の場合は短期決戦です。それを考えると、民主党が政権を取り、自民党は野党に落ちた方がいいと思う。

一九九三年に、自民党が野党に転落した時は、与党に戻るためになりふり構わず、でしたが野党になって一休み、という選択肢も悪くない。政権から離れることで、党の政策や支持者の母体を考え直す時間的ゆとりが生まれます。新しい人材の発掘もできるし、すべてが悪いわけではない。

民主党に政権をチェンジした方がいい。こう言うとすぐに「小沢一郎に首相が務まるのか」「民主党に政権を担う能力があるのか」という指摘を受けます。霞が関の官僚も「自民党の議員の方が層は厚い。民主党の議員に一から教えるのは大変」などと言います。

ですが、「ツー」と言って「カー」と答える自民党と霞が関の関係が利権政治を生んだわけでしょう。時間とコストがかかるのは当たり前。それが、政権交代というものです。こういうことを考えると、日本でも本当に政権交代の時期が来たと思います。今回、福田首相は総理の椅子を突然に投げ出したわけですが、これは、日本にとって「功」かもしれませんね。

■ 政治の漂流はいつまで続くのでしょうか。

もう十年くらいは漂流していますからね。現時点では、その先が見えていません。やはり、愚直に政権交代していくしかない。民主党政権ができれば、自民党が割れるかもしれない。民主党も様々な主義主張を持つ人を抱えている。この状況で政界再編が起きるのは一つの道かなと思います。

（聞き手＝篠原匡）

首相になりきれなかった首相
――人材払底する自民党――

首相を見ていて、「いつ辞めるつもりかな」とは思っていましたが、内閣改造をやって一カ月というタイミングは最悪です。退陣表明の記者会見も「民主党が話し合いに応じなかった」など、ほとんど愚痴のように聞こえました。

最近は、最も重要な内閣改造や国会召集などの政治日程すら決められなくなるなど、すべてが後手後手でした。安倍晋三前首相は「年金問題と不祥事で参院選を惨敗し退陣」という説明が一応つきますが、福田首相は説明すらつきません。道路特定財源の一般財源化もこれからが正念場なのに、自ら退場。果たしてやりたいことがあったのでしょうか。

政治には不可能なものも可能にする使命があり、首相もそのために存在します。それをすぐにあきらめる首相は、本当の意味で「政治家ではなかった」ということでしょう。

首相には、どこか普通と違う迫力のようなものが必要です。小泉純一郎元首相は自民党総裁に当選するまで泡沫《ほうまつ》候補扱いされましたが、就任から半年もかからないうちに、首相としてみるみる「化け」ました。

小泉氏はゲームを楽しむことができる戦略家でしたが、福田首相にはそれができず、視野が狭いように見えました。また、政治家は支え合える人を見つけ、それを利用して自分の思いを実現していこうとしますが、首相にはそうした部分も感じられませんでした。

そういう不適格な首相を昨年、圧倒的支持で選んだ自民党の責任も大きい。二代続けて約一年で政権を放り出した事実は、自民党が首相適格者を生み出せなくなっていることを意味しています。

誰が次の首相になろうとも、この二年間、政治が停滞した影響は大きいでしょう。総裁選を戦う人は目先の小さな利益ではなく、日本の国家像を議論すべきです。そうでなければ、再び視野の狭い首相を生み出してしまうかもしれません。

現在の自民党には、五年先の国の姿も見えていないのではないでしょうか。議員も自分が再選できるかどうかしか考えられない。本来はどんどん新しい血を政治に入れていかないといけませんが、二世、三世議員ばかりで人材が育っていないのが現実です。

新政権発足後は「三代にわたる内閣が民意を問うていないのはおかしい」と、早期解散を求める声が高まるでしょう。その結果、政権交代可能な政治が現実になれば、政党間の政策論争が高まるきっかけになると考えています。

（聞き手＝小倉敦）

「戦後」という物語からの解放
——「政治の崩壊」を超える方途——

職務放棄のイメージを決定づけた首相が二代続いた。本当に自分の都合で首相を辞めるのだから、言葉もない。戦前、「欧州事情は複雑怪奇」として辞めた宰相がいたことを思い出す。この平沼騏一郎もまた、無責任の謗《そし》りを免れ難いが、国際政治（日独伊三国軍事同盟）への対応のまずさで説明は可能だった。要は欧州諸国の権力の〝悪意〟に日本が翻弄されたということだ。

福田康夫首相の場合は果たしてどうか。彼は辞任会見の最後、記者の質問に答え「人ごとのようにとおっしゃるが、私は自分自身を客観的にみることができる。あなたと違う」とのたもうた。世論は妄言と揶揄するが、実は辞任を決めた福田首相の気分がここに如実にうかがえるのだ。

臨時国会の会期、補正予算と定額減税、給油問題、どれをとっても解は見えない。しかも解散・総選挙がひたひた迫ってくる。首相からみれば、それは公明党、民主党、自民党それに官僚の〝悪意〟の結果にほかならない。悪意の向かうところ、国内政治の行き詰まりは明らかだ。ならば辞めるにしかずとの判断は客観的に正しく、それが分からぬマスコミは相手としない。解が見えない「国内事情は単純明快」と福田首相は言いたかったのではないか。

かくて各政治主体の意識的か無意識か、〝悪意〟の累積の前に、「かわいそうなくらい苦労した」〝善意〟の首相は翻弄された揚げ句になすすべもなく政権を投げ出した。

ついに首相として化けずじまいといえばそれまでだが、事態は一年前の安倍晋三首相の例よりもさらに深刻だ。あの時も、公人の出処進退として空前絶後の失態で、首相の危機管理ができないほど「政治の崩壊」が進んでいた。「失敗も二度繰り返せば、そこには構造がある」という名ぜりふもある。二度にわたる首相の職務放棄は、この国の政治の崩壊が構造化されていることを露呈させたといってよい。

安倍氏は、小泉純一郎政権で示せなかった全体性を回復すべく、一方で「大政治」としてイデオロギー（安全保障強化、憲法改正）を明確にし、他方で官僚支配脱却へ、補佐官や「お友達」ネットワークを駆使する「小政治」を配することで、リーダーシップ発揮を企図した。だがイデオロギーを振り回す大政治は、多くの国民がそっぽを向き、自壊する。その上従来なら官僚による仕切りという枠組みの中で、十分処理可能であった問題が、長期争点化してしまう。何あろう、年金問題だ。

一過性の問題との当初の見方とは裏腹に、問題の根は深く、国民の政府不信は高まる一方となった。なぜなら官僚による仕切りという小さい部分的合理性と背馳《はいち》する、戦後日本が抱えてきた巨大な全体的非合理性をあぶり出す契機を有していたからだ。何よりそれは、戦後日本を支えた官僚制への信頼感が消失したことに起因する。

福田首相はイデオロギーを前面に押し出す大政治を好まず、必然的に小政治に特化した。しかし、次第に壊れゆく「政治の文法」と「行政のロジスティックス」、すなわち政治や行政に普遍的に不可欠な暗黙のしきたりを回復再生する手だてなしには、小政治の成就さえもおぼつかない。

確かに福田首相は当初、衆参ねじれが続く中、「暗黙知」の再活用を考えていた。だから事務方の官房副長官や厚生労働事務次官人事を安倍以前に戻し、有識者会議を多用し、官僚制の再起動を図った。だが国会運営が思うにまかせず、民主党との「大連立」の挙に出る。何ごとにも慎重な福田氏にしては大胆だったこの行動も、失敗に終わるや、大きな仕掛けや構想を打ち出すことを断念してしまう。

国の意志、いや首相の意志が分からない。結局、首相は昨日あるように今日があり、今日あるように明日があればと、政治的引きこもりに近くなっていく。政治日程を決めるのさえ前倒しならぬ後ろ倒し。かくて人事権も解散権もままならない状況に追い込まれる。安倍氏が地に足つかず失脚したとすれば、福田氏は地をはいずり回り失脚した。

しかも後期高齢者医療制度で、福田首相は前首相と同じ失敗を犯す。確かにこのままでは医療制度は崩壊する。合理性を貫けば、高齢者にも相応の負担を求めるべし、となる。だが年金制度と同じく、高齢者医療制度も戦後日本は非合理であっても全体性を巡る物語として構成してきた。これらの問題は、どうあっても官僚主義によって仕切られた小政治ではなく、政治家主導による国会の全体性に通ずる大政治で徹底議論し、解を見つけるべきだったのだ。

リーダーシップには二つのタイプがある。「率い型」の安倍氏も「まとめ型」の福田氏も、積極・消極の差こそあれ、結局は政治の崩壊を加速させた。つまりまったく対照的な二人が続けざまに失敗したことが、この国の政治の危機の様相を深めた。折からの自民党総裁選がにぎにぎしく行われようとも、先人二人の失敗を十分に吟味しない限り、宴の後に「二度あることは三度ある」事態がこないとは限らない。

ではそのためにどうしたらよいのか。〝戦後〟ももはや六十年を過ぎた。安倍、福田両氏の失敗は、一つにはこの「終わらない戦後」をリセットする作業に真正面から取り組まなかった点にある。

一九五六年の『経済白書』で「もはや戦後ではない」と宣言して以来、佐藤栄作氏が「沖縄が復帰しない限り日本の戦後は終わらない」と述べ、中曽根康弘政権は「戦後政治の総決算」を旗印にした。だが「戦後レジームの脱却」を掲げた前首相に続き、非合理と分かりつつ、戦中派に老後の安らぎを保障してきた老人医療制度改革でつまずいた現首相の姿は、六十余年の惰性から真の決別ができていない事実を如実に示す。新たな政治の構築には、まず〝戦後〟という長い物語を終わらせるべきだろう。すなわち戦後日本のソフト・ハード両面のインフラを素直に見直すことだ。

後ろを振り返るより、前を向き、あるべき二十一世紀の日本を議論すべしとの声はしきりだ。だが、過去と現在をきちんと総括しない限り、未来像は絵に描いたもちとなりかねない。しかも今や、未来へ向けて誰もが納得できる大きな物語は描き得ない。むしろ断片化された個人の周囲だけに仕切られた無数の小さな物語だけが散在するありさまだ。そうした、個々人の側が主体的に断片化された物話を、他の小さな物語と、もしつなぎうる契機があるとすれば、それは日本人の誰にとっても大きな叙事詩であり叙情詩だった〝戦後〟を終わらせる以外にはあり得ない。

それはゲーム感覚を伴うのかもしれない。〝戦後〟の常識や〝戦後〟にからめとられて身動きできない状態を、国民が一人ひとり解きはなっていくゲームだ。政治に悪意はつきものであるなら、それをフル活用して、〝戦後〟をどう打破するか考えるべきだ。

政界は二世、三世ばかりという。なら、選挙区の世襲制をやめればよい。政治家が大胆に選挙区を渡り歩いてもよいはずだ。都市であれば、テレビポリティックスが有効に作用しよう。派閥が親睦会化するならば、政策やイデオロギーの結び付きを求め、政治家は複層的コミュニケーションネットワークをもっとつくるべきだろう。

過去の常識は未来の非常識。そんな常識破りの政治家は過去にもいた。その名は後藤新平。台湾、旧満州、東京の経営に手腕を発揮したことで名をはせた彼は日ソ外交交渉で東京市長の座が制約になると知ると、さっさと職を辞し、肩書なしで交渉に臨んだ。長くて重くて終わらない〝戦後〟と決別するには、肩書なしで活動してみるのもよい。こうした小さなゲームで〝戦後〟脱却の試みが重なるとき、いつしか〝戦後〟は後景に退いていくに違いない。

III

麻生太郎政権
——グッドルーザー

脱「戦後民主主義」のかたち

——麻生・自民と小沢・民主——

天下分け目の決戦の時が来た。麻生自民党 対 小沢民主党、政権をかけての戦いの火ぶたが切って落とされる。小選挙区の効果——首相を選ぶ選挙であること——が、政治改革以来約十五年たってようやく試される事態ともなった。だが、麻生氏と小沢氏、この二人による決戦の歴史的意味は何か。ある意味で二人とも満を持しての登場といえる。

挑戦者小沢一郎は、二大政党制と政権奪取という目標のために、この十五年間、仕掛けては仕損じの繰り返しであった。「壊し屋」と目され、いつも同じ強引かつ剛腕な手法を用いては一敗地にまみれた。並の政治家ならとっくに政治生命を失っていたはずである。

しかし、特有のオーラを放つ小沢は、小泉政権下の民主党で不死鳥の様によみがえり、続く安倍政権下の参院選で民主党に歴史的勝利をもたらした。その後の福田政権下で「大連立」構想のため、もんどり打って転んだが、不思議と致命傷にならず、来る麻生政権下で政権交代を現実化する地位に立った。敗れても敗れても常に一番手につけ、「戦後民主主義の異端」である点において、小沢は五五年体制下の政治家の域を脱している。

断崖に追いつめられた自民党の麻生太郎。茶番劇と言われ、勝ち馬現象と言われながら圧倒的強さを見せて総裁を勝ち取った意味は大きい。

麻生もまた小泉、安倍、福田氏と、過去三度の挑戦に敗れたにもかかわらず、しぶとく四度目の正直で総裁選に勝った。政調会長、総務相、外相と小泉政権下で要職をこなし、安倍、福田両政権の幕引き幹事長となった。幕引き役は直ちに総理・総裁にならなかった慣習を破った点でも、麻生もまた五五年体制下の政治家の域を脱しているのだ。

小泉政権が続く中であらわとなってきた戦後政治の劣化。そこでの麻生の登場は、近代日本の統治の古層から飛び出した「戦後民主主義の背理」にほかならない。

麻生はそもそも二世、三世政治家という通常の枠には収まりきらぬ近代日本の生粋の名門の出である。DNA的には、元勲・大久保利通―内大臣・牧野伸顕―首相・吉田茂の血統を継ぎ、炭鉱王・麻生太賀吉を父に持つ。ちなみに、大久保と吉田は、かつて小沢が尊敬する政治家としてあげたことがある。無邪気なほど上からの目線で通し、「日本はとてつもない国だから、よくなる」との吉田茂の遺言を繰り返し、楽観論を説くのは麻生をおいてほかにはいない。

その意味で、戦後政治をつくった吉田茂の孫が、戦後政治の崩壊期を担うのは、歴史の皮肉と言わざるを得ない。

麻生か小沢か。いずれも、平等化と民主的手続きを好む戦後民主主義の筋には合わない。しかし、劣化の一途をたどる戦後政治の打破のために、自民、民主両党はこれまでの民主主義とのズレを示す人物を選んだ。名門か剛腕か――そのいずれに我々の未来を託するのか。「財政出動」（麻生）か「財政構造転換」（小沢）か、を含めて、まずは内政の課題処理からだ。しかし、同時に外交を含めた二十一世紀の日本の姿について、粗削りでよいから二人の構想を聞きたい。

二人とも率直な物言いで通してきたのだから、できる限り本音で日本の将来像がわかるように、明快に語ってほしい。麻生も小沢もこの一戦で後がないことは分かっている。だからこそ守りではなく、積極的に攻めてほしい。二人の戦いの果てに戦後民主主義が今一度耐性を取り戻すのか、いや応なく新たな統治スタイルに変わっていくのか。一日千秋の思いで総選挙の到来を待っている。

（構成・聞き手＝尾崎和典、青山彰久）

「強い首相」と「機能する国会」
――「戦後」を超える原点としての戦後憲法――

戦後六十四回目の正月を迎えた。政治も経済も社会も、すべてに行き詰まり感がある。敗戦以来、今日まで終止符を打たれることなく、したたかに生き抜いてきた〝戦後〟の価値観やシステムだが、外からは金融危機、内からは政治危機の形で、リセットの圧力が加えられている。一九四五年に始まる長い期間、政治の世界では早くから脱〝戦後〟のかけ声がかけられていた。だがいずれも実体を伴わずに消えてしまう。歴代首相を振り返ってみよう。

〝戦後〟を形作った吉田茂が退陣した後の五六年、『経済白書』は「もはや戦後ではない」と高らかにうたった。しかし岸信介が六〇年の安保改定で〝戦前〟の幻影を呼び覚ました結果、次の池田勇人は高度成長政策で〝戦後〟をいま一度演出しなければならなくなる。

続く佐藤栄作は約八年の政権を通して「沖縄の返還なくして戦後は終わらない」と訴え続けた。返還は実現したものの、〝戦後〟の安定的な秩序を確認するにとどまった。

佐藤を範とした中曽根康弘は八二年、「戦後政治の総決算」を華やかに宣言して登場した。国鉄改革など〝戦後〟改革に着手したものの、イデオロギー面を含めた〝戦後〟からの転換は未完に終わる。

九〇年代は〝戦後〟の限界が指摘され、政治改革や行政改革さらには憲法改正など「改革」が時代のキーワードとなった。もっとも、八九年に「昭和」から「平成」への代替わりと重なり、戦後憲法に育まれた最初の象徴天皇が登場、〝戦後〟的価値の肯定と再確認が行われた。「ぶっ壊す」と「構造改革」を叫び続け、五年半の長期政権を維持した小泉純一郎は、九〇年代に有名無実化していた「五五年体制」と「自民党一党優位体制」にとどめを刺した。しかし新しい何かを生み出すことはなかった。

初の戦後生まれの首相となった安倍晋三は「戦後レジームからの脱却」をストレートに訴えた。しかしまことに皮肉なことに、安倍は〝戦後〟の枠組みに足をとられ、わずか一年で退陣を余儀なくされる。戦後憲法下の二院制国会で論理上おこるうる、衆参〝ねじれ〟状況を招いてしまったのだ。福田康夫もなす術《すべ》もなく、やはり一年で職を辞し、総選挙で勝てるタマとして選ばれた麻生太郎は早くも迷走状態のただ中にいる。

九〇年代からの小選挙区制の導入を前提とする「政権交代を可能とする二大政党制」は、ここへ来て、見果てぬ夢ではなくなるかもしれない。しかし問題は「総選挙による政権交代」の意味を、当事者たる政治家も有権者もマスコミも考えていないことだ。政権交代は〝戦後〟の延命を目指すものなのか、それとも終止符を打つものなのか。曖昧なままだ。

勝てるタマだったはずの麻生首相はその器ではないと見なされ、二重権力状況に慣れ親しんだ小沢一郎民主党代表は首相になりたくないのではないかと疑われる。「首相を選ぶ選挙」にしては、何とも情けない状況に陥ってしまっている。

必要なことは何か。あまりにも長く続き、歴代首相が克服できなかった〝戦後〟を終わらせるための総選挙であり政権交代であると、どちらもはっきり示すことだ。もちろん一度の総選挙で〝戦後〟がガラリと変わることはありえまい。しかし今年こそは〝戦後〟の終わりの始まりと認識すべきだ。そして〝戦後〟を乗り越えるために〝強い首相〟を作り出す必要がある。

本来、〝強い首相〟は現行憲法が想定したものだった。帝国憲法下の弱い首相の反省の上に立って、明快に強い首相を規定しているのだ。「五五年体制」や「自民党一党優位体制」が崩壊してもなおその残滓にとらわれているから、〝強い首相〟が実感できないのである。

これまで〝戦後〟に着目しその転換をはかろうとした首相は、安倍を除いていずれも長期政権であった。長きがゆえに尊からずだが、〝強い首相〟は長期政権によって初めて思い通りの統治ができる。解散はあるにしても、せめて衆議院の任期と同じ四年は政権を担当せねば、話になるまい。そして与えられた時間を有効に使うために、昼は官邸で、夜や休日は公邸で、政治空間をフルに活用すべきだ。

政治家は現行憲法の原則や規定に戻ってはどうか。そこには〝強い首相〟と〝機能する国会〟がある。もろもろの政治慣習から解き放たれ、原点からコトを考えるようになろう。そうすることによって〝戦後〟を自覚的にリセットし、政治の新たな飛翔を可能にすると思われる。

そして、逆説的だが、〝戦後〟から解放されて初めて、戦後憲法の改正が現実の日程に上ってくるに違いない。

「二大政党」は可能か
——政党への信頼回復に向けて——

■ 今の政治状況を、どう受け止めればいいか。

国民は、政権交代可能な二大政党という状況を想定してきたが、その二大政党が両方とも駄目になってしまった。麻生自民党は統治能力のなさを露呈した。一方、民主党に対して国民は、小沢一郎代表の自民党田中派的体質を怪しいと感じつつ、とりあえず政権交代させようと、目をつぶっていた。しかし西松事件で目をつぶっていられなくなった。だから次の選挙の意味が分からなくなった。このままでは次の衆院選は棄権率が高くなるのではないか。

■ 今のような状態は過去にもあったのか。

一九三〇年代、第一次近衛文麿内閣の後、弱体政権が三代続いた時と似ている。ただ、当時でも首相候補のストックはあった。今はストックがない。その原因は派閥の弱体化とも関係ある。かつて派閥の長は首相挑戦者だったが、いつからかお茶飲み会の会長になってしまった。

■自民、民主の両党は信頼を取り戻すために何をしたらいいか。

負け比べ状態にある二人の党首は取り換える必要がある。政権を担う力のある党首を選び、政権構想を示すべきだ。衆院選では、政治構造の活性化を考える選挙にしなければならない。もはや、どちらが勝つかというレベルを超えている。

■小泉純一郎氏の後、首相が毎年代わったことも政治への信頼を失っている。

そう。（一九七〇年代から八〇年代の）三角大福中のころ、二年は首相をやっていた。今は一年。いくらなんでもひどい。与野党は政権をもう少し長く持たせる仕組みをつくるべきだ。時間を与えれば政治家は化けることがある。小泉氏のように。

■麻生太郎首相は祖父・吉田茂元首相を強く意識している。二人の似た点と違う点は。

吉田氏は麻生氏と同じように国民から不人気だったが、やるべきことはGHQの力を借りてでも押し通した。朝令暮改でもなかった。だから経済も立て直せたし講和も実現した。麻生氏にはその腕力、実力がないし、思想も伝わってこない。

■吉田氏は、第一次内閣が倒れ下野した後、再び政権についた。

衆院選で敗れて下野した吉田自由党は、その後『再建』という機関誌をつくりイデオロギー闘争も含めた議論をして、党を点検しつくした。それで党が引き締まり、一年半後の政権奪還につながった。自民党はもし次の衆院選で負けたら、当時の自由党を参考に下野して「自民党は何か」を振り返ればいい。

民主党はどうすべきか。

検察の捜査など司法の問題はあるが、公党の党首が疑惑を引きずったままでいいのかという政治問題もある。司法と政治を切り離して考えるべきだ。政治的には小沢氏は代表を辞めるべきだ。小沢氏を引退に追い込めば民主党は、初めて自立し、政権担当能力、危機管理能力を発揮したことになる。逆に田中角栄氏が行った二重権力を民主党が抱えると、有権者から見捨てられることになる。

「変化」のかたちを創り出せるか
――政党・政治家・マスメディアの役割――

日本政治を覆う閉塞感の原因とは何か

日本の政治はいま最悪の状況にある。

小泉政権の功罪については検証する必要があるとしても、郵政民営化をはじめやる気を見せたし、またやってみせた。そして国民もある程度それに喝采をおくり、ついていくという面があったといえる。

ところが、自民党は小泉さんの後を継いだ安倍政権の時代からこけ始め、「ねじれ」が起きて、福田政権はそれを解消することができないまま退陣し、その後を麻生現首相が受け継いだという流れでここまできている。

しかし麻生首相は、そもそも解散・総選挙をやるために自民党総裁に選ばれたはずなのに、その解散の機を逸し、その後の建て直しもできずに今日まで来ている。世界的な金融危機が起きたから選挙をやっている暇はないというが、では解散・総選挙を先延ばしして政策がうまくいっているのかというと、打ち出す施策は必ずしも十分に練られたものとはいえず、右から何かいわれると解釈を変え、左からいわれるとまた解釈を変えるという状況で、そういうなかで、なお麻生首相が政権を運営している意味とはいったい何なのかと思わざるをえない。

解散・総選挙はどんなに遅くても秋にはある。私はその前にあるのではないかと見ているが、そういうことからいうと、自民党は麻生首相で総選挙に臨むのかというとクエスチョンマークがつくわけである。与謝野（馨）さんを担いで選挙管理内閣をつくるという話もあるが、そもそも麻生内閣というのは選挙管理内閣だったはずなのに、そういうやり方が国民の理解を得られるとも思えない。

では、次の総選挙で大幅な躍進の可能性も指摘されている民主党はどうかというと、「政権がとれる」という一点でつながっているところがあって、皆それぞれ向いている方向が違う。

しかも考えられるのは、小沢代表は総理大臣になる気が本当はないのではないか。

自民党を飛び出して以来十五年、彼の軌跡を見ると、たぶん彼にとっていちばん望ましいのは、民主党が第一党になるけれども過半数には届かない、という状況であろう。自民党とある程度拮抗しているという状況で、自民党のなかに手を突っ込んで、だれかをすくい上げる。そしてそのだれかを総理大臣に据えて、自分はその後ろでいろいろ工作するという構図と思われる。民主党が単独で過半数をとれば、彼は総理大臣にならなくてはならない。しかし彼には健康の問題があるし、総理大臣として自らの経綸をふるうというタイプではない。

だから、今回の総選挙は「麻生さんを選ぶか、小沢さんを選ぶか」という選挙にはならない。小選挙区制というのは、中選挙区制と違って「国民が総理大臣を選ぶ選挙制度だ」といわれてきた。ところが今回は、不幸なことに、小選挙区制の導入にあたって描かれたイメージとはかけ離れ、そういう選挙にはならないのである。

まさに不毛の選択で、魅力のない総理大臣選びをしなくてはならないのなら、小選挙区制を導入したこと自体が間違いだったのではないかという議論が起きてもおかしくないし、そういうなかで政権選択をしなければならないということが、いま日本政治を覆っている閉塞感の最大の原因だと思う。

さらに、不確定要因として、自民・民主のどちらが勝っても、その後に政界再編があるかもしれないということがある。しかし、総選挙後の政界再編というのは永田町でしか通用しない論理で、自民党あるいは民主党公認で立候補し、当選した後、所属政党を変えるというのは有権者に対する冒瀆以外の何物でもない。政界再編がいろいろいわれながら、総選挙を目前にしたいまなおその姿がまったく見えていないのは、これまた閉塞感をつのらせている大きな原因といえよう。

このような状況は、内政だけではなく外交的にも大きなマイナスといわなければならない。日米関係でいえば、アメリカのオバマ大統領はすべての外交関係を再編成してチェンジをやりたいと思っているわけで、いま麻生首相と約束しても、すぐに辞めた、交代した、ではどうにもならない。中国やアジアとの関係も同様で、こうもトップがコロコロ変わるのでは、日本の信用問題にもかかわってくる。そういうことからいっても、次の政権は暫定政権であってはならず、国民の信任を得た本格政権でなければならないのである。

政治家、政党が変わらなければならない

では、そういう政権にふさわしい総理大臣候補がいるかというと、自民党は人材的にほぼ回転し尽くした感がある。いろいろ名前が挙がっているが、だれがなっても、強いリーダーシッ

プを発揮できる総理大臣になるとは思えない。民主党にしても、小沢代表は前述のとおりで、これはという人材が見当たらない。

ただし、政治家というのはある日突然〝化ける〟ということがある。オバマ大統領も上院議員を経験したのはわずか四年で、一年ちょっと前までは大統領候補になることさえ予想されていなかったのに、あっという間にドリームスターになっている。

日本でも、吉田茂元首相がそうで、彼が総理大臣になるとはほとんど思われていなかったけれども、なってみると、戦後史に残る宰相に化けたということがある。中曽根元首相も、一時期は総理大臣の器ではないといわれたが、いまではその力量が評価されている。小泉元首相も、まだ評価は定まっていないが、変人といわれ、総理大臣の座につくとはだれも思っていなかったのが、強力なリーダーシップを発揮した。だから、まだ頭を出していないけれども、いるはずなのである。

そもそも、歴史の転換期にはある種の〝余白〟があるもので、その余白から時代を担う人材が出ている。明治維新のときは、幕府が衰弱するなかで、当初は単なる跳ね上がりと思われていた脱藩した志士たちが維新の原動力になった。戦後も、敗戦によってそれまでの指導者が皆いなくなったけれども、鳩山一郎とか吉田茂とか、大正デモクラシーのころからの人たちが台頭している。

ところが、いまはそういう余白がない。自民党、民主党とも二世、三世の議員がこれだけ多くなると——二世、三世だから悪いとはいわないが——思考の枠組みが決まっているから、考えること、やることがどうしても守りの姿勢になる。

そこで一つには、小泉首相がなぜあれほど力を持ちえたかというと、最初の組閣で議席を持たない人を何人も閣僚に登用し、自分に足りないところを補うとともに、それによって総理大臣の権限を強化したからであった。議席のない閣僚、民間出身の閣僚は総理大臣を頼るしかないから、内閣も一つに固まる。その知恵に学び、総理大臣自身にはそれほど能力がなくても、オール・ジャパンで、いろいろな分野から、「あの人なら」とだれもが認める有能な人材を閣僚に登用する。そういう幅の広いことができる人が総理大臣になれば、当初は多少見劣りしても、大化けする可能性がないわけではない。

いまの閉塞感を打破するためにはもう一つ、政治家、政党が変わらなければならないということがある。

五五年体制はとうに壊れたが、五五年体制下においてつくられたある種の慣習、つまり政治というものに対する考え方や動き方に皆慣らされていて、与党も野党もそこから抜け出せないでいる。

その典型的な例が予算審議で、審議を引き延ばす、審議を中断させる、審議拒否をする、というのが予算委員会での野党の常套手段で、質疑応答を聞いていても、野党の質問もばかばかしく、政府側の答弁もおざなりで、まったく討論になっていない場合が多い。総理大臣に対して漢字のテストをやってみせるなどというのは、ナンセンスの極みというほかない。

定額給付金の問題でも、やらないというのも一つの考え方ではある。しかし、世界的にも減税の一つの方法として実施されているわけで、景気の現状を考えれば、より景気回復に結びつくような方策を議論するということがあってもいいはずである。そうすれば、野党が主導権を握れる場面もあるだろうし、こういう案ならどうか、という議論になれば国民にもわかりやすい。

ところが、野党は依然として昔の社会党の感覚で、政府が出す法案に対してはほぼ全否定し、批判するだけで、少しでも政府・与党の得点になるようなことは絶対にすべきではないと考えている。そういう意味では、野党のやり方は時代錯誤だと思う。野党が本当に政権をとろうと思うなら、生産的な議論をすることによって政権担当能力があることを国民に示すべきなのであろう。

一方、政府・与党側は、野党はどうせ失点を狙っているのだから、その口実を与えまいという構えに終始している。お互いに相手を貶めているだけだから政治への信頼が失われるのは当然で、与野党に分かれていても、ある程度、相手をリスペクトするというものがないと政党政治は機能しない。

自らの信念と構想を堂々と語るべき

マスメディアも、何かというと権力ないし権力を持つ側を批判し、権力側の失態をおもしろおかしく報道するという姿勢をそろそろ改めるべきだと思う。

一方に肩入れするのではなく、政治に対する国民の信頼を回復するという視点から、読者・視聴者に考える糧を提供するような報道をすべきで、もう少し前向きな報道でないと政治不信を煽るだけになる。崩壊の危機に瀕している政治を叩くだけではしようがないではないか。

また、こういうことを取り上げたらウケるだろう、という発想からの報道も多い。麻生首相がホテルのバーで飲んでいる、といった話は、げすの勘ぐりの類いの面もあり、ともすると、そういうことを報道するメディアの品格が問われかねない。有力議員の講演会などでの発言を伝える報道についても、そうした発言が政治全体に影響を与えるというが、メディア自らが、いたずらにその影響を増幅していることも否めないだろう。

いまや政治とメディアは表裏一体の関係にある。政治が変わらないからメディアも変わらないという面もあるが、メディアが変わらなければ政治も変わらない。

いま政治リーダーに求められるのは、「構想力」と「発信力」である。リーダーは細かいことを論じる必要はない。全体として、この国がどういう方向に向かって行けばいいのか、この国にとっていま何がいちばん大事なのか、ということを考える構想力。そしてそれを明確に、国民にわかりやすく訴える発信力。この二つが政治リーダーにあれば政治は再生する。

その意味で政治家はもっと自信を持つべきで、メディアに取り上げてもらおうとか、この場面でこういうことを言ったらまずいなどと考えずに、自らの信念と構想を堂々と語ることである。政治家は、いまこそ原点に立ち返り、こぢんまりした話ではなく、大きなテーマで勝負すべきだと思う。

自由民主党の終わり方
――「健全野党」という可能性――

流砂のごとき政治

長年日本の政治に密着して観察を進めてきたが、今のように、政権が向かおうとする方向性がまったく見えない、というより〝ない〟状況に立ち会ったのは初めてである。

麻生太郎首相は、自身の内閣に対する支持率が一ケタ台にまで低落し、野党はおろか身内からさえ波状攻撃にさらされる立場に追い込まれながら、それを気にする素振りは微塵も感じさせず、「どうして俺が辞めなければならないのだ」とばかりに居直っている。世論を軽視する気質は吉田茂譲りなのかもしれないが、同時に方針を決めたら独裁的にでも貫き通したほうのDNAは、祖父からは受け継がれなかったようで、かかる重大局面にあって言動は迷走に次ぐ迷走を続けるばかり。

麻生政権は、明らかに末期症状にある。にもかかわらず、誰も幕引きの絵が描けない。支持率の低さは竹下登内閣、森喜朗内閣末期になぞらえられるが、当時とて自民党内部でのさまざまな動き、水面下の根回しがあったからこそ、総裁の首に鈴をつけ、前進することができたのである。

かつての自民党には〝切り込み隊長〟もいれば、調整役もいた。例えば、「危険」と見るや、おっとり刀で駆けつける野中広務のような人物である。かかる局面に至った場合には、必ずそうした人間が動きを作り出し、あるべき方向へと導いたものだ。野中氏は自分の後継として古賀誠氏を〝指名〟し、教育もした。だが、党の選挙対策委員長の任にある彼は今、総選挙で党のみならず自身さえ勝ち抜けるか否かの瀬戸際に立たされ、行動を封じられた格好だ。結果、「麻生退陣」に向けた流れを作り出せる人間が誰もいない。結集の核は見当たらず、言葉は悪いが上から下まで〝烏合の衆〟と化してしまっている。

無為に時間を費やしている間に、麻生内閣は次々に失策を重ねた。極めつきは、戦後最悪の経済危機に直面しつつあるなか、「中川会見問題」で全世界に緊張感のなさを露呈した一件だ。この内閣の危機感の喪失、眼前の事態にきちんと対応しようという真剣さの欠如には、本当に驚き、呆れるばかり。我々は、最悪の時期に最悪の人間をトップに迎えてしまったようだ。

では、これと対峙する野党・民主党はどうか。本来ならば、力ずくで政権を取りにいく局面であり、またその大チャンスである。できることは何でも、例えば中川大臣などではなく総理自身に対して問責決議を突きつけるぐらいのことをすべき時であろう。だが、こちらも動こうとしない。ただひたすら自らは失点を犯さぬよう、守りを固めることに腐心しているのだ。与党が与党らしくなくなると、野党も水準が落ちるという、いい例である。

かくして、与党も野党も周囲の官僚たちも含めて、みんなが「見合って、見合って」状態で竦《すく》んでしまったのが、今の永田町だ。尻をたたく親方もいなければ、行司役も不在。そこに展開しているのは、成り行きは〝風まかせ〟の、まさに流砂のような政治なのである。

目を覆う人材不足

それにしても、自民党の人材不足はひどい。麻生首相が開き直れるのは、「じゃあ次は誰がやるんだ？」という問いに、答えが出せない現状にあることが大きい。

歴史を繙《ひもと》いてみると、日本の政治が人材面でピンチに陥った例として、第二次大戦に向かう一九三〇年代の混乱が挙げられるだろう。第一次近衛文麿内閣の後、法曹出身の平沼騏一郎、陸軍出身の阿部信行、海軍出身の米内光政と短期政権が続き、再び近衛が登板した時代である。確かに弱体の首相ではあったけれども、〝次の総理大臣候補〟は一応はいた。そういう意味では、現代の政権与党の現状は、あの三〇年代よりも深刻だと言わざるをえない。

実は、自民党の危機は昨日今日始まったものではない。橋本政権時代、私は竹下元首相のオーラルヒストリーに取り組んだ。「橋本後継」に関する受け答えのシーンは、いまだに忘れられない。「次はどなたでしょう？」という問いかけに対して、それまでにこやかに語っていた竹下氏が急に深刻な顔になり、「次は小渕だわな」「そのあとは人がおらんのだわ」と漏らしたのである。人材の払底を危惧してか、竹下氏は晩年、古賀氏や谷垣禎一といった若手を集めては、研究会を開いていた。

結局のところ、竹下元首相の〝予言〟は的中した。橋本内閣の後は、橋本と同じ派閥の領袖であるとの批判を受けながらも、小渕恵三が継いだ。そして彼の後、小泉内閣を唯一の例外に、森、安倍、福田内閣と惨憺たる末路をたどり、現麻生内閣もご覧の通り。それぞれに理由はあるが、トップや閣僚の〝器〟の小ささが致命的であったことは明白である。

付言すれば、調整役とともに何かあれば軌道修正を図る〝お目付け役〟も昔の自民党には存在した。中曽根康弘首相と後藤田正晴官房長官の関係が象徴的であろう。旧内務省で先輩後輩の関係にあった後藤田氏だったが、公式の場では「首相に仕える官房長官」の立場を逸脱することは決してなかった。しかし、二人になると手厳しく意見することも度々だった。

ちなみに、「口うるさい」後藤田氏を五年間も使い続けたのは、中曽根首相本人の意思である。自らの判断、発言、行動の重要さ、あえて言えば〝恐さ〟を認識していたからこそ、わざわざ自分を縛る存在を身近に置いたのだ。森首相以降、特に欠落しているのはそういう自覚ではないだろうか。

総理たるもの、当然のごとく激務を強いられる。中曽根氏は、暇ができると座禅を組んだ。一人になってはじめて、落ち着いて政治について考えをめぐらすことができたと、彼は語っている。政治家、なかんずく総理大臣は寝ても醒めても政治一筋でなければならない。「クールダウン」などと称して毎晩のように飲み歩くなど論外の振る舞いで、そんなことをしているのに中川氏の飲酒をたしなめるのは、そもそも無理な相談である。

小泉政治の〝罪〟

自民党がここまで弱体化してしまった原因はどこにあるのか。

一つは、よく言われるように、派閥機能の「消滅」である。派閥のたらい回しによる政治が国民にとって望ましいものであるかどうかは別問題として、派閥のヒエラルキーの階段を一段一段登りつめる過程において、そのメンバーが政治家として必要な力を身につけていったのは事実である。こうした構造は、派閥政治に対する批判の高まりを背景に、実質的には中曽根政権時代以降、消失の道をたどった。

〃三角大福中〃の時代には、党内に常在戦場の権力闘争が、確かにあった。派閥やその領袖の利益、威信をかけた〃喧嘩〃である。小沢一郎民主党代表が自民党を飛び出したのも、属する田中派の危機を察知し、「このままでは自らに利はない」と判断したからにほかならない。

かくして、自民党から闘争する人間がいなくなった。戦いがあるからこそ、優れた調整役も育った。「ニューリーダー」と囃された〃安竹宮〃時代から先、自民党の活力はどんどんそがれることになったのである。

そんななか、久方ぶりに登場した「戦う男」が小泉純一郎だった。だが、皮肉なことに、この小泉政治こそが自民党に引導を渡すことになった。本人の言葉を借りれば本当に「ぶっ壊す」結果になったと、後年顧みられることになるかもしれない。自民党がここまで弱体化した第二の理由は小泉政治の評価を「誤った」ところにあるのではないだろうか。

小泉氏は、現在と同様、自民党が森内閣とともに〃心中〃するのではないかと思われたタイミングで、彗星のごとく現れ、そして党を救った。その政治手法はまことに斬新で、テレビを中心とするメディアに密着し、世論を味方につけた。「郵政民営化」の政治スローガンをもって争点を単純化し、「抵抗勢力」というレッテルを貼り付けることで、敵をあぶり出した。そのやり方で、前回総選挙において歴史的な勝利を収めたのである。

実際、彼が首相に君臨した五年五カ月間、それなりに刺激に満ちた「おもしろい」政治が展開された。だが、冷静に分析してみれば、小泉政権の手によって何らかのわが国の将来ビジョン、長期戦略の類いが提示されることはなかったことが分かる。物議を醸した靖国参拝でも、あえてそれを日本国家の将来像と結びつけたメッセージが語られることはなく、結局は単なるパフォーマンスでしかなかったと言うほかない。

誤解を恐れず言うならば、小泉政治はビジョンなき〝博打〟であった。それでうまくいったのは、小泉氏に〝博徒〟としての天性の才があったからにほかならない。

ところが、後続の指導者たち、中でも安倍首相はその評価を見誤った。小泉手法こそが新たな政治のあり方だと、誤解し、誤解したまま小泉政治を真似た。しかも、小泉首相に足りなかったのがイデオロギーと考え、「美しい国づくり」「戦後レジームからの脱却」という、前首相がついぞ口にすることがなかった長期ビジョンを掲げ、政治にイデオロギーを注入したのである。

「丁か半か」だったからこそ、小泉元首相のパフォーマンスは奏功した。だが、「改革」を急ぎすぎたこともあり、小泉氏の政策には国民のいわく言いがたい反情が残った。

そのうえに安倍内閣の任期中に年金記録問題が発覚したのは、確かに不運ではあった。だが、これについても危機管理不足のそしりは免れまい。当初、周囲は早期に沈静化できる問題だと高をくくっていたフシがある。多くの政治学者も「参院選が終われば終息するだろう」と語っていたのを思い出す。ただ私には、そうは思えなかった。例えば将来の増税の話ならば、世論の動向などもにらみながら、議論の持っていきようはある。しかし、事は延々と払い続けてきた年金保険料の問題である。しかも、全幅の信頼を寄せていた官僚に裏切られる結果となったわけだから、国民の憤激は推して知るべし。政権が本当に危機感を持っていたのなら、もっと迅速に手を打ったはずである。

ここで消すことができなかった火は、「後期高齢者医療」問題などにも延焼し、安倍氏の後を受けた福田首相は、事実上、何らのメッセージを発することなく、一年足らずで政権を放棄することを余儀なくされた。

自民党は〝歌〟もなく散るのか

こうした経緯を振り返るならば、麻生政権は、まさに解散・総選挙を行うためだけの「選挙管理内閣」だったはずである。自らが国民の信を問い、それが認められたのであれば、ねじれ国会ではあってももう少しまともな政権運営が可能になったのではないだろうか。肝心の解散を先延ばしにした挙げ句、発言がブレまくっていては、お話にならない。

いまさらながら、政治家にとって言葉は命であると思うのだ。極端な話、後々誤りだったという評価を受けようが、その時自らがやろうとすることを国民に対して全身全霊を込めて説明し、その納得を得るのが仕事である。小泉首相の発言は、正しいのか中身があったのかは別に、ブレることはなかった。そうでなければ、長きにわたって政権を維持するだけの支持を獲得することは困難だったであろう。

麻生首相のように、例えば「郵政民営化に賛成だったのか、反対だったのか」といった同じ問いへの答えが二転三転したら、国民の不信感は増幅するばかりである。厳しい経済環境のなか、しかるべき対策を打ち出すだけの指導力が発揮できなければ、支持率はさらに低下の一途をたどるしかない。

だが、事ここに至っても麻生首相本人は、その政治家として最も大事なものが欠落していることに気づいていない。そして、気づきながらもその暴走を止め、何らかの方向性を指し示す人間が出てこない――。自民党は今、なす術《すべ》なく崩壊への道を走っているように思える。

小泉元首相が、定額給付金に関する特例法案に反対の意を示したのは、事態を動かすというよりは郵政民営化への逆風、はっきり言えば「かんぽの宿」問題のスキャンダル化に楔を打ち込む意図を持ったものだとも推察される。だが、とにもかくにも彼は「反麻生」の旗を立てた。少し前だったら、これ幸いとばかりに結集する人間は少なくなかったはずだ。

ところが、「小泉チルドレン」たちでさえ、音無しの構え。それに乗っかって風を起こそうという動きは、ついぞ見られなかった。あの小泉氏の博打でさえ、もはや通用しない。自民党内部がいかに腐蝕して、再生能力を失っているかの証左である。

ここ数年の状況からみて、遠からず自民党を中心とする政治が終焉を迎えるだろうことは予測できた。それが戦後政治の転換点となり、新たな局面を生むに違いないという思いもあった。しかし、正直なところ、最期にこんなにも無残な姿をさらすとは、私には想像もつかなかった。

何だかんだと言っても戦後の復興や経済成長を演出し、ほぼ一貫して政権の座にあった政党である。それなりの〝歌〟が奏でられ、ロマンも漂わせながら退場していくのではないかと思っていたのだが、それは一政治学者の郷愁に過ぎなかったようだ。眼前にあるのは、もはやみんなが党の行く末より自らの選挙で頭がいっぱいという、浮き足立った現実でしかない。

いったいぜんたい、自民党はどうなるのだろうか。来るべき総選挙で敗北を喫し、野に下る公算が今のところ大きい。だがそこまでならば、まだ党にとって最悪のシナリオとは言えない。大敗を喫した末に、組織が本物の〝ドロ舟〟と化し、四分五裂してやがて「自由民主党」が政治の舞台から消滅する。自民党を愛する人間だったら、想像したくない結末だろうが、その可能性は決して低いものではないと私は思っている。繰り返しになるが、内部で進行している腐蝕を取り除く作用を喪失した自民党の現状は極めて深刻で、再起の道はことのほか厳しいと考えるからである。

こうしたかたちで自民党が〝自然死〟すれば、戦後の日本を支え続けた栄光の歴史も丸ごと忘れ去られることになるのではないか。一時期、自民党と拮抗する勢力を持ち、その主張が政治にそれなりの影響力を持っていた日本社会党が、ほとんどまったく、人口に膾炙されなくなったように。

「健全野党」を目指し党を再生せよ

それでは、自民党が「最悪のシナリオ」を避ける術は、まったくないのだろうか。総選挙に敗れた場合、唯一それが残されているとしたら、野党として自らを鍛え、捲土重来を期する道筋だと私は思う。自民党は、困難ではあろうが「健全なる野党」になる道を選択すべきではないだろうか。

実は、日本の政治には野党のモデルがなかった。「何でも反対」の社会党に政権担当能力はなく、それを国民に見透かされたからこそ〝万年野党〟のまま推移し、そして消滅した。今の民主党も、「健全野党」と呼ぶには、心もとない存在だ。だが、長く政権を運営してきた自民党には、そうなる潜在的資格があるのではないか。

与党と野党のせめぎ合いを通じて、時々の世論を政治の場に反映、実現させていく。その理想型は、例えば英国の政治である。保守党、労働党の二大政党は、政権交代が起こって野に下ることになっても、あたふたしたりはしない。いったん腰を落ち着けて、党の体質を再点検し政策を徹底的に練り直す。同時に、その遂行にふさわしい党首を選び直し、体制の一新を図る。だからこそ、党内に政権奪還を狙う新たなエネルギーが生まれ、選挙になれば与党との激突が国民の関心を呼ぶのである。

日本にも先例がないわけではない。吉田茂その人である。戦後の総選挙で社会党に敗北した吉田自由党は、一年半の間、野党暮らしを余儀なくされた。あまり語られていないのだが、その間自由党内では、日本や党の将来に関する活発な論議が戦わされていた。自由党自ら機関誌を発刊するなかで、徹底的なイデオロギー論争をやったのだ。吉田内閣の復活は、直接的には与党の中道・左派連立内閣の疑獄事件による瓦解だったが、直後の総選挙で圧倒的な支持を得た背景には、野党時代にこうして蓄えられた政党としての力があったからこそなのだ。

自民党が再生できるとしたら、この道しかない。そしてそれは、長く懸案とされた日本の「政治改革」に道を開くものになる可能性を秘めている。

先述の英国では、労働党政権下で満を持した保守党が、サッチャーを押し立てて七九年に政権を奪取、続くメージャー時代まで二十年近く政権を担当した。他方この時期に野党労働党では、党の近代化を訴える「モダナイザー」と称される勢力が力をつけはじめ、その旗頭だったブレアが九七年に首相となった。ドラスティックな政策転換が起こるのは、十年単位である。

翻ってわが日本では、同じ政党が政権の座に就きながら、トップは派閥の雄でもなくなり、総選挙に勝つタマとして猫の目のように変わり、首尾一貫した国の将来ビジョンといったものは、いまだ描けてはいない。政治が踏みとどまってじっくり考えることをしなかったから、新しいものも生まれてこなかったのである。

自民党が一度野党になれば、それができるのではないか。あくまでも一例だが、自らが取り組んできた公共事業とは何だったのか、これからはどうしていくべきなのか。野党の立場で検討を加えてみれば、新たな解が見つかるかもしれない。

「健全野党」を標榜するのであれば、これも英国に倣って、自民党を変えられなかった「長老」には席を譲ってもらう必要があろう。本当に国民の信頼を回復し選挙に勝とうと考えたら、〝二世、三世〟に頼っていたらだめだという発想にも、当然なるはずだ。地方選挙には登場しはじめた、いわゆる「ロスト・ジェネレーション世代」などの若くて政治に興味を持つ人材を、中央でも登用したらどうだろう。

そのうえで、外交・安保にしろ経済にしろ教育にしろ、「野党自民党」ならではのビジョンを練り上げて、政権奪回に臨むのである。

とはいえ、今の自民党にそれができるだろうか。彼らの頭の中には、与党としての成功モデルが染み付いている。細川政権によって野党に追いやられた時の厳しさを知る人間も多い。何としても現状に留まりたいという思いは強烈である。そこからは、選挙に負けたら新たな与党になだれ込もうという発想しかない。

「幸い」なことに、民主党に政権担当能力はない。我々には蓄積した実績も経験もある――。「政界再編」は、こうした思惑のもとに囁かれているものだ。

断言するが、その方向に走りはじめたら、自民党は切り刻まれたうえで消え去っていくだろう。民主党も割れる可能性があるが、その結果、日本の政治にとって望ましい政党ができるのかといえば、はなはだ疑問である。

いずれにせよ、一刻も早く解散・総選挙で国民の意思を問う必要がある。すべてはそこから始まる。結果を恐れ引き延ばしても、与党にとっての逆風が止む状況にはないのだ。

そのうえで、あらためて言う。万が一政権党の座から滑り落ちたら、自民党はいったん〝与党病〟〝再編病〟を捨て、自らを見つめ直すべきだ。「野党」イデオロギーを確立するなかで自民党が蘇る、それが唯一の道である。

（構成＝南山武志）

小沢一郎の見果てぬ夢

――『日本改造計画』の未完の一章――

小沢一郎民主党代表が辞任した。権力の系譜の上では、田中角栄そして竹下登と金丸信を継ぐ存在であった。そしてこの二十年近く権力核を作り上げながら、次々に壊してきた経緯がある。その政治手法が田中角栄的なるものの忠実な後継者としての色彩を濃厚に有しながら、二十世紀末の十年と、二十一世紀の初めの十年に、新時代の転轍手のように見えたのはなぜであろうか。

それは田中が企図しすぐに撤回せざるをえなかった「小選挙区制」への道にある。今でも田中首相がなぜ唐突にこの問題を取り上げ、すぐに投げだしたのかは謎である。「日本列島改造論」と「小選挙区制」は、田中内閣の内政における二枚看板となっても不思議ではなかったからだ。時代に合わず、「列島改造」は潰え、「小選挙区制」はお蔵入りとなった。

そもそも田中が佐藤派を簒奪する形で、あっという間に首相の地位に登りつめた時、この国の識者は「玉将が王将になれるか」との疑問を声低く呈した。あの岸信介元首相が「田中は名幹事長だが、名総理にはなれるか」と洩らした。私の身にひきつけて言おう。東大法学部での講義において、京極純一教授は「日本の政治にとんでもない事態が生じた。今太閤と浮かれていてよいのか、ジワジワと日本の政治は確実に変わる」と宣《のたも》うたのだ。

果たして識者の危惧はあたった。田中はまさに公共事業の金権スキャンダル疑惑の中で退陣し、ロッキードスキャンダルにまみれ、刑事被告人のまま生涯を終えたからだ。しかも識者の危惧を超えて、田中は〝二重権力〟状況という、新しい政治の形態を生み出した。田中派という最大派閥の事実上のオーナーとして振る舞い続け、隠然とこの国の政治に影響力を及ぼし続けたのである。この田中から派閥を簒奪した竹下・金丸は、続く金権スキャンダルの中で、前者は〝二重権力〟を引き継ぎ、後者は政界を追われた。

三代目の小沢一郎は初代と二代の所業をじっと見つめ、彼らの足跡の中から自らの政治的指針を導き出した。それは〝コンピューター付きブルドーザー〟と称された田中でも手がつかず、〝司々《つかさつかさ》に任せる〟タイプの竹下は発想だにしなかったことだ。この国の政治のかたちを変えること、それをパッケージとして示し世に問うこと——田中から「小選挙区制」のアイディアを引き継ぎ、その延長線上に「二大政党制」を見いだす。

　しかも爛熟期の自民党のプリンスとして幹事長の任にあった小沢は、その〝政治改革〟を実現するために、何と自民党の破壊を率先して行うことになる。そのための武器もまた田中角栄から引き継ぐ。田中の『日本列島改造論』に対し『日本改造計画』だ。その後のこの国の〝政治改革〟の方向は、およそこのバイブルに示されている。細川連立政権下で〝比例代表付き小選挙区制〟が成立した時、小沢一郎が小さな祝いの会で、「これからが茨《いばら》の道です。この国はほとんどが既得権者なのだから、どんな反撃にあうかわかりません。でも改革でいくしか、ボクにはもう道はないのです」と、めずらしくしんみりと述べた姿を忘れない。

　それから十五年。確かに築いては壊し、壊しては築き、紆余曲折はあっても「政権交代」秒読みの段階まで達した。そこへ来ての古典的な金権スキャンダル疑惑のための代表辞任。あまりに田中的な、あまりに自民党的なと誰しもが思う。それにしてはよく生き抜いてきたとも。しかし感傷にひたっている暇は小沢にはあるまい。手法はあの〝二重権力〟のよみがえりかもしれない。しかし「政権交代」という小沢の『日本改造計画』の書かれざる一章を、どうしても小沢は身をもって書き足さねばなるまい。元来小沢は首相への欲は強くない。「政権交代」による次なる〝改革〟へ踏みこむことが、小沢の見果てぬ夢なのだから。ともあれ「政権交代」も小沢のゴールも、もうすぐだ。

小沢一郎の二十年
――破壊の末に何があるか――

小沢一郎の時代――ミレニアム（二〇〇〇年）を挟んだ前後の二十年間を、後世の歴史家はそう名付けるかもしれない。首相は十数人代わった。しかし小沢氏は出ずっぱりだ。肩書は海部内閣の自民党幹事長以来、ついせんだって辞めた民主党代表まであれこれ変わったものの、ほぼ一貫して政界に存在感を示し続けた。

しかも、この二十年間というもの、これほど世評が変わることなく、政治的には一本道をたえず歩こうと試みていること自体が、小沢氏を稀有の政治家にしている。

首相を目指すといったポストへの獲得欲とか、調整役を自他ともに任ずるとか、ある特定の政策通であり続けるとか、これまでの政治家は既に決められた政治の枠組みとルールを前提にして、常に行動してきた。

ところが小沢氏は、田中派、そして竹下・金丸派という自由民主党の主流派のど真ん中を歩みながら、これを否定し破壊するという〝悪魔的〟な衝動に駆られ、それに踏み切った。

小選挙区制と二大政党制による政権交代を目指す。誠に単純な社会科の教科書にでも書いてあるような政治の姿の実現を錦の御旗に立てた。これが小沢氏の国家構想であり政策である。小沢氏の理屈は一九九三年の『日本改造計画』にはっきりと具体例を挙げて展開されている。

普通、政界で理屈にこだわる政治家は政局が苦手で勢力の拡大がままならず、それ故にクリーンと評されたりするものだ。ところが小沢氏は、理屈と政局の双方にたけている。ありていに言えば、スキャンダラスな部分を理屈とともに彼の一身の中に包摂しているのだ。

竹下派の分裂と自民党脱党、新生党結成という小沢氏の〝政界壊し始め〟は、金丸スキャンダルと密接に結び付いていた。だからマスコミでの評判も、当初から真っ二つだ。スキャンダルと従来型政治手法の側面をとらえれば悪いイメージとなるし、国家構想とその実現への政治的手腕に着目すれば、良いイメージとなる。終始変わらぬ〝剛腕〟という評価が、かろうじて小沢氏の対照的なイメージをつないできた。

つくっては壊し、壊してはつくり、そしてまた壊しの繰り返し。それが小沢氏の二十年間だ。

何も政党という組織に限ったものではない。人間関係も同様で、次々と側近が去っていく。常識で考えれば、自らの味方を少しでも増やしていく田中角栄、そして竹下登という〝師匠〟の極意の継承者たるはずが、その全面否定の上に、今日の小沢氏の姿はある。その上、失敗を繰り返す。いつも同じ攻め方なのだから、失敗も当たり前で、そこに失敗の構造的要因があるのだ。

だが小沢氏は愚直なまでに同じことを繰り返す。もっとも、世紀末に自自連立から両党解党の上での合同に迷い、福田内閣で自民、民主両党の大連立に迷う。政権交代と政権獲得とが彼の中で錯綜すると、迷いが出るのだ。失敗が繰り返されるならば、迷いも繰り返される。

ただスキャンダルも政策も政局も引きつけながら、今後も小沢氏は永久運動のように既定の政治の枠組みとルールを破壊し続けるだろう。別に首相にも調整役にもはなから関心はないのだから。あたかも「赤い靴」の主人公のように、小沢氏は踊り続ける運命を背負った、まか不思議な政治家なのだ。

麻生太郎、唯一の決断

――「解散告知」とグッドルーザーへの道――

■麻生首相が事前に解散・投開票日を「告知」するという挙に出ました。どう評価しますか。

政治は常に、誰が状況を規定し、主導権を握るのかという状況規定の勝負だ。規定通り解散できるかどうかは別にして、今回ばかりは麻生首相が初めて政治家らしい決断をしたのだと思う。解散とは本来、与党が野党に仕掛けるものだから、選挙の勝敗とは関係なく、与党の側が宣言して解散することに意義があるという心境に首相は達したのだろう。いまやらなければ、野党側が内閣不信任決議案や首相問責決議案をどんどん出してくるわけだから、先手を打って解散を宣言した形だ。

「首相を取り換えろ」と言っている人が自民党内にいるが、東京都議選の結果を見る限り、仮に取り換えても負ける可能性が高い。「どうせ負けるんだったら、おれがやる」と首相は考えた。そもそも麻生首相が何のために首相になったのかといえば、それは解散だ。その原点に立てば、ようやく十カ月たって解散権を行使するところまできた。状況は当初とは変わって負けそうだが、首相にすれば納得できる判断だ。祖父・吉田茂が終戦に際して言った「負けっぷりをよくする」ではないが、「グッドルーザー」ということではないか。

■「解散告知」とはあまり聞いたことがないやり方ですが。

解散は議員の首を切ることだから事前に告知したりは普通はしない。「数日後にあなた首にしますよ」といえば当然反対が出て、できなくなるからだ。今後の焦点は自民党に蘇生力があるかどうかだろう。自民党が本当に死に体なら、このまま首相のいいなりになる。従来の自民党であれば、一、二日のうちに反対派がグループを作り、麻生おろしで声明を出し、運動を展開したはずだ。それができないなら、状況を規定した麻生首相の方が強い。

野中広務氏のような実力者がいれば、「あいつにだけは絶対解散させない」と政局の絵を描くはずだ。ある意味でその権力闘争が戦後自民党の政治的活性力になっていたが、今はもうないのかもしれない。自民党の議員は「ここで取り換えてもどうせ負けるなら麻生首相と心中するか」という気持ちなのではないか。

このタイミングを狙っていたのでしょうか。

間違いなくそうだろう。日程的によく練られている。首相はサミットに行って帰ってきて、都議選を挟んでずっと首相公邸にこもっていた。そこで何を考えていたか。都議選の結果次第で判断するのではなく、都議選が終わったら解散告知をしようと決めていたのだろう。

不信任決議案提出の前に解散を告知したのはなぜでしょうか。

不信任は否決するにしても、自民党議員の中にはいろいろ考える人が出てくる。欠席したり、あえて不信任に賛成したりして除名され選挙を戦うとか。それは首相にとっては好ましくない。とにかく民主党に追い込まれて、という形になりたくないから解散告知したのだ。

麻生首相はこういう行き詰まった時の闘いは案外強いのかもしれない。自民党の多くの議員はこの告知にぼうぜんとしているようだ。負けるかもしれない戦いに断を下したのは首相だし、解散せずにこのまま退陣したら、彼のこの後の芽はもうない。安倍晋三、福田康夫と二代の首相が途中退陣したが、ひょっとするとグッドルーザーとして生き残れるのは麻生首相だけかもしれない。

吉田元首相は造船疑獄に見舞われた第五次内閣で解散しようとして失敗しました。告知はそれを反面教師にしたからでしょうか。

いや、むしろ五二年八月の第三次吉田内閣の「抜き打ち解散」に近い。あのときは公職追放を解除された鳩山一郎ら非主流派から退陣要求が出され、側近議員を幹事長に起用しようとして果たせず、事態打開のため側近とだけ相談して不意をつく解散を断行した。解散に関してはウソを言ってもいい、というのを使ったわけだ。

（七月）一二日の都議選でも、自公が過半数を割り込んだ一方、民主党は立候補すればみな勝つといった勢いでした。

自民党の長老都議が次々と一人区で落ちたのが象徴的だった。もう、年季だの経験だのというのはいらない、というのが民意なんだろう。

今回当選した民主党の若い人々は大体三十歳前後で、例えば、NTTの社員を辞めてIT関連事業を自分と仲間でやってきたというパターンだ。もちろん民主党にも人材不足という事情もあったろうが、彼ら若者もここで政治の波に乗ろうとしたのだと思うし、有権者もやはり、世代交代をさせてみたかったのだ。彼らがずっと都議でいるかどうかは分からない。仮の仕事なのかもしれないが、若い世代に対する有権者の期待が非常に大きかったのだろう。

奈良や千葉でも若い市長が誕生しています。

きちんとした政治が出来るかどうかは分からないが、今まで行われてきた政治というのは一体何なのかということをあぶり出すため、若い人々の登場を願うということなのだろう。経験や年功というものを一切パージしたい、それで政治というのは新しくなるんだ、と。終戦直後は戦犯らがパージされたが、今回は自民党政治に象徴された長老支配が退場を求められたのだ。

しかし、若さには可能性もある半面、危険な面もあるでしょう。

確かに危険ではあるが、新しい人々であれば、少なくとも何をやっているのかは見える。ベテランならば、必ず政治の暗部を隠そうとするが、今回当選した若い人々はネットを使って政治をオープンにしてしまうかもしれない。透明な政治が国政で始まる可能性がある。

僕は二十一世紀に入ったくらいからその変化を感じていた。地方の市議選などでぽっと出の若い人が当選する、それをみんなが応援しているという現象が起きた。二十代、三十代の人々がとりあえず四年間定職に就きたいからと立候補して当選するという現象だ。これは新しい政治の風になる可能性がある。小泉政権時も地方ではそういう若い人々が出てきていた。それが、この都議選で首都・東京でも現実のものとなってきたと言える。都議選で投票率が上がったのも、そうした若い人々に期待した結果だと思う。

今後の展開は。

まだ解散告知なのだから、そのまま麻生首相に解散させないという動きがここ一、二日で出てくるか。落選の不安の強いベテランが知恵を出して集まり始めると、意外に核になるかもしれない。

だが、首相と自民党総裁を分ける総総分離は首相が否定するはずだ。新しい自民党はこの総裁で選挙しますという声が出ても、首相は負けっぷりをよくしたいと念じているから押し返す。ベテランは少しでも負け幅を減らし、次の政局に向けて何か仕掛けられるぐらいにしておきたいという発想があるが、それは古い発想だ。

民主党の課題は。

民主党にすれば、都議選に勝って自分たちで追い詰めて解散にもっていきたいと思っていただけに、首相に解散の主導権をとられた状況をどう跳ね返すかが焦点だ。鳩山由紀夫代表の献金疑惑も全然クリアになっていない。都議選の間は隠れていたその問題が出てくる。それを有権者がどう受け止めるか。

都議選は民主党が勝ちすぎた。しかも民主党の代表には二人続けて献金疑惑がつきまとう。投開票日まで一カ月半もあるのだから、民主党に投票するのもいかがなものかという空気だって生じかねない。その結果、棄権が増えるとすれば民主党には厄介な事態となる。だから鳩山代表は疑惑をごまかさず、説明しなければならない。前代表は辞めたのだから現代表も……という話は必ず出てくる。

このままいっても総選挙で民主党が勝つと思っているのかもしれないが、何となくムードで勝ったというのではよくない。ここで、徹底的に自民党と戦う姿勢を見せなければダメだ。例えば、すぐにマニフェストを出し、政権移行委員会を作り、百日の日程でこれこれをやるというのを早く示す必要がある。

この総選挙は間違いなく政権選択なんだ。だから麻生首相が解散告知をやってきたのなら、そうじゃないんだ、これはオレたちが解散の状況を作ったんだと逆転して状況を規定し直さないといけないのだ。もう棚ぼたで政権が来ると思ったら大間違いで、そこをもう一回攻めなければいけない。「麻生さん、結構やるじゃん。それなら、オレたちもこれでいこう」という意識が大切だ。

自民党だって、負けたあとの生き残りまで考えて戦術を練った麻生首相に対して、首相交代を求める動きが出てくれば、たとえ分裂選挙になったとしても、党は活性化するものだ。歴史的に自民党は分裂選挙でもいいんだ。さらに言えば、選挙に当選して自民党に残った人々が選挙後政局で主導権を取り戻す芽になるかもしれない。

麻生首相は最後に味なことやったという気がするよ。決断しない首相と言われたが、唯一決断したと後世言われるかもしれない。

（聞き手＝吉田貴文）

責任と出処進退と

――自民党再生への道――

日本の政治は断末魔であえいでいる。ほかならぬ自民党政治の劣化のせいだ。この党は「責任」を果たすというあたりまえのコトを、もはや見失い実行できなくなってしまった。出処進退を明らかにできないと言ってもよいだろう。まず何よりも選挙など政権の本質に関わる事柄での失敗に、首相が責任をとってやめるという筋が立たなくなった。

それは三年前の安倍政権における参議院選の歴史的敗北から始まる。安倍は直ちに続投を宣言し、やめることではなく政権浮揚への努力に努めることが責任を全うすることだと開き直った。詭弁にすぎぬこの言葉を自民党もまたすぐに容認してしまった。あげくに内閣改造を行ったものの、所信表明演説直後に辞任するという前代未聞の事態に立ち至った。それでも衆議院で与党は三百議席を超す圧倒的多数を誇るものだから、自民党はさっさと首のすげ替えを断行し、安倍首相の責任を何ら問うことなく、むしろ健康問題にすり替え、気の毒だったという同情論ですませてしまった。

だが後継の福田政権にも事態打開の展望はなく、民主党との大連立という大仕掛けに臨むものの、結局は失敗に終わる。民主党の動向ばかりがメディアが報道されたため、本来なら問われて然るべき福田首相の責任は、まったく不問に付されてしまった。内閣成立直後の大連立の失敗で見通しを失った福田政権は、その後一年近く、何らの事態打開への手を打つことができず、自分では総選挙はできないという理由で、これまた内閣改造後まもなく辞任してしまう。

二代にわたる内閣の出処進退のおかしさを自民党は追及も反省も何もせぬまま、総選挙即時断行のいわば選挙管理内閣として、麻生首相を擁立する。ところが麻生は折からの世界金融危機を奇貨として、勝機を待つという態度に終始した結果、無為のまま今日まで来てしまった。これを不作為責任といってもよい。そして麻生首相自ら一度は総選挙の前哨戦と位置付けた都議選での大敗北。まさかの結果だったか、当然の結果だったか、それすら問われぬまま、つまり麻生首相は責任論放置の上に、「解散の告知」という奇策に出て、本来十カ月前に課せられた自らの役割を果たそうとしているのだ。

そうなって初めて、自民党内からは麻生首相の責任を問うべく、両院議員総会開催要求などの動きが顕わになってきた。遅いの一言に尽きる。一日前の民主党による麻生内閣不信任案を、自民党は全員一致で否決したばかりではないか。舌の根も乾かぬうちにとはまさにこのことだ。自らの行動への責任そして出処進退の重みということを、自民党は挙党一致で忘れてしまったのだ。内閣不信任案でいえば、森内閣時の加藤の乱の鎮圧がトラウマとなったのは間違いない。そして皆の思いは同じ。あの時だって来るべき参議院選に勝てぬという理由で、不信任案否決後結局は森首相はやめたではないか。だから森モデルでいけばいいのだと。

しかしよく考えてみよ。森首相の時は半年余りの日にちがあった。だから不信任案否決からの事情変更則が充分にきいた。今回は大義名分が立たないし、筋が通らない。なぜ自民党はここまでダメになったのか。

責任を放棄し、出処進退を明らかにできぬ事態に陥っても、自らの再選さえかなえば何があってもかまわぬという、落選への恐怖からの捨て鉢の心境に自民党議員がみな捕らわれてしまったからだ。もはや自民党は文字通り自分党でしかない。しかし泣いても笑っても決戦の日はそこまで来ている。ここまでジリ貧変じてドカ変の状況になったら、自民党としてここは一番、負けっぷりをよくすることを考えてみてはどうであろうか。

身を捨ててこそ浮かぶ瀬もあれというではないか。奇策妙策は尽きた。自民党は上から下まですべてが初心に立ち返り、自らの責任と出処進退を明らかにした上で、総選挙に臨むべきだ。まことに小泉首相は「自民党をぶっ壊し」たのだ。筋の通らぬあがきからは党の再生の道は見えてこない。

求められる「健全野党」
——元首相・細川護熙の眼——

政権交代が現実味を帯びてきた。総選挙の結果、与野党が攻守所を変え政権交代が起きるのは、近代日本の議会史の中では稀有なことなのだ。戦前は清浦奎吾貴族院内閣から加藤高明護憲三派内閣、戦後は宮沢喜一自民党内閣から細川護熙非自民八党派連立内閣の、実に二回にすぎない。

この国は、戦前も戦後も、終戦直後の混乱期を除けば、常に与党が総選挙で勝つことが当たり前になっていた。だから今回、政権交代を総選挙のメルクマールにすることは、少しもおかしなことではない。むしろ、総選挙での与野党の交代という議会制民主主義が有する本来の姿が実現するかもしれないからだ。

早くもメディアは、マニフェストをめぐる争点作りに躍起となり、いくつもの組織や機関が自民・民主両党のマニフェストへの批判や評価に忙しい。果たしてこれらの検証機関すべてに妥当性があるか否か、メディアはそれは問わない。しかも自民・民主両党を対等の立場に置くのもいかがなものか。

自民党は五十四年間、ほぼ一貫して政権党であった。だからマニフェストの必要性を感じていない。これに対して民主党は結党以来十年、ずっと野党であり政権というものを知らない。だから、政権党たる自民党は〝追憶〟によって裁かれるのが筋なのだ。逆に政権党たらんとする民主党は〝希望〟において批判され現実を知ることに努めねばならない。

今、十五年前の細川政権が歴史上の先例として注目を浴び始めたのも故なしとしない。折から、長い間の沈黙を破って細川護熙元首相が『朝日新聞』（八月九日付、オピニオン面）のインタビューに応じた。微妙なニュアンスまで含んだ「asahi.com」の記事の方が分かりやすいが、細川元首相はここで単に自らの政権の回顧談を試みたのではない。むしろ来るべき民主党政権への提言にこそ、その真骨頂はある。

自らの政権の在り方を振り返り、「ひとつの内閣で何もかもいっぺんにはできない。限定的な目標と期限を明確にして、断固やるかどうかです」との発言は、やはり来し方ではなく行く末を案じてのものだ。加えて細川元首相は「政権交代はあくまで断絶が目的ですからね」と言い切るが、それはある程度継続によらねばならなかった自らの政権への反省からきているのではないか。突然の辞任について、「やることをやれば、さっさとさよならをしたらいいと思う性分で、首相のポストに未練はありませんでした」との主張は、ちょっとカッコよすぎるきらいがある。

だが民主党に選択と集中を求める一方、「自民党が健全野党になって初めて、日本の政治はいい形になると思います」とのくだりは、傾聴に値する。「自民党ははじめ『健全野党』を標榜し、是々非々で対応する構えだったのですが、次第に政権復帰を最優先し、抵抗と攻撃に終始するようになった」と、細川元首相は苦い思い出を語る。泥仕合はやめるべしということだ。

戦前の加藤護憲三派内閣に始まる八年間の政党政治は、まさに政党政治の成立するアリーナを、政友会と民政党の両党が攻撃することによって、国民の信を失い滅亡に到った経緯がある。その歴史を繰り返してはならないということだ。実は〝グッドルーザー〟になると早くも麻生首相は公言したと報道されるが、よき野党になることは、よき与党になるよりはるかに難しいのだ。

政権交代可能な政党の創出が、小選挙区比例代表並立制導入の根拠にあった。その意味では戦前・戦後の過去の経験が、いずれも連立政権故に短命を余儀なくされたことも考慮に入れねばならぬ。細川元首相は日本新党の原体験からか「穏健な多党制」を是としているが、過去二回の歴史的先例を見るならば、三度目の正直で、単独政党による政権交代がなるか否か。いややはり二度あることは三度あるで、連立政権がこの国の通例となるか否か。ここはまた有権者も思案のしどころのはずだ。

「自民党的なる日本」の崩壊

――民主党圧勝の先にあるもの――

民主党が三百八議席をとって圧勝した今回の選挙を、どう位置づけたらよいのか。一部では五五年体制にかわる〇九年体制になったという見方がある。だが筆者は新しい体制が確立したという言い方をするにはまだ早いと思う。

今回の政権選択選挙を機に本格的な二大政党制の時代が訪れるともいわれる。確かに小選挙区制の下では、今回のような劇的な変化が起きるので、民主党も政策上の失敗を犯せば、下野を余儀なくされる。その意味で一見、二大政党制の始まりにも見える。だがこれも違うのではないか。

それは民主党大勝の理由を分析すればすぐわかる。

民主党は、受け皿の政党としての可能性を高めてきた。だが民主党がいいと思ってすべての有権者が票を投じたわけではない。今回は自民党パージの選挙だった。つまりここ数年の自民党トップの一年ごとの交代とか、いつまでも解散しないといった便宜主義的な自民党的なるものへの嫌悪感と同時に、それを排除したいという気分が国民に蔓延した結果だと見るべきだろう。

民主党政権は、そう簡単に崩壊しないし、自民党から民主党へという動きは、ある意味、不可逆的であると思う。もっと長い時間軸でみれば、一九九三年に細川護熙政権成立で自民党がいったん下野したものの、当時の日本社会党を巻き込みすぐさま政権に復帰して以来積もりに積もった自民党のあり方に対する不信感の表れなのである。社会党の後は自由党、さらには公明党と、何とか与党であり続けようという、自民党のあがきにも似た姿は、今や国民にすっかり飽きられてしまった。

今回の自民党の下野は、単なる政治上のレベルにとどまらず、自民党的なるものと重なるあらゆる日本のシステムの崩壊の引き金になるのではないか。例えば財界。企業献金を本当に廃止するなら、今のような財界が存在する意味は薄れる。それぞれの企業が独自に構えて政治との関係性を考えればすむからである。

官僚システムもしかりだ。自民党との間に特殊な関係性を構築してきた官僚システムは完全に行き詰まり、民主党政権下で、今の形で残ることはあり得まい。

今回の民主党勝利が、日本の社会全体の古いシステムの崩壊というものを暗示しているなら、四年後、仮に民主党に何らかの落ち度があったとしても、その受け皿が自民党である保証はない。つまりこの自民党的なるものの崩壊は、自民党自身にも劇的な変容を迫るから、最後はいくつかの政党に分裂し、その中から新たな名称の政党が誕生し、民主党の対抗勢力になる結果を招くことは十分ありえる。この点が、九三年の細川政権誕生時との大きな違いである。

では、今回の選挙は、多くのメディアが指摘したような、マニフェスト（政権公約）選挙であったのだろうか。

これも実は違う。それは、財源の裏付けが乏しく、政策の整合性に欠けるといったマニフェスト自身の問題という意味だけにとどまらない。

より重要なのは、そもそも自民党の存在自体がマニフェストに適合的でないことだ。本能的にそれがわかっていた小泉純一郎氏は、マニフェストを嫌った。理由は一つ。自民党は長年の与党生活の中で、国民に対し包括委任を迫ってきたからである。具体的政策を優先順位をつけて掲げるのが自民党は苦手なのだ。

自民党は選挙のたびに国民から「包括委任」を受け、選挙後に政治家たちの様々な動きの中で、相矛盾する政策でも、それをそつなくこなしてきた。そしてまた次の選挙で国民に包括委任を迫る、というサイクルを描いてきた。

これは政治家と官僚システムがうまくかみあっていた右肩上がりの時代には、最もうまく機能していた。だが右肩下がりの時代、国民から包括委任を取り付けるのは難しい。なぜなら、第一にパイは増えず、第二にパイをどう分配するか、優先順位を付ける必要が高まったからである。

そこに受け皿としての民主党が登場する。結党以来十年余り野党であり続けた民主党は、政策のアイデアは豊富で現行政策への批判も上手だ。もちろんそうした政策メニューはすべて絵に描いたもちなのだが、長年自民党批判を繰り返す中で、いくつかの問題では有効に議論ができるようになった。例えば、年金問題、環境問題、それにいわゆる財源の問題などがある。

つまり、体系性を作るには至らないが、限定委任されるような限られた政策範囲の中でマニフェストを書くことに民主党は成功したのである。

一部ではばらまきと批判されるが、今回の子ども手当や公立高の授業料、高速料金の無料化は、民主党にすれば、自民党や官僚システムへの批判を中に抱合している。自民党はこうした給付を間接的にしか行わない。そこに中間搾取、あるいはそれを担う天下り機関を介在させるからだ。

対して民主党は直接給付であり、それはそうした中間搾取や天下り機関を介在させないという意図の表れである。

これに象徴されるように、民主党と自民党の給付は決定的に仕組みが異なる。これからの政治は、この違いが次第に拡大していく。官僚支配脱却という民主党の方向は、旧来型のシステムを直撃し、相当のあつれきを生むだろう。

だがそれは、自民党への回帰に直結しない。官僚とは基本的に政権が安定すれば、その支配に服する存在だからである。しかも自民党とは異なる官僚システムとの新たな関係を築くことに民主党が成功すれば、政党と官僚との間に別の緊張関係が生じる。それは恐らくこの国の政策の決め方を、はるかに豊かにする。

では、民主党は今後、どの程度の射程を見定めながら政治を行っていけばよいのか。

四年間の任期をまっとうできるとしよう。予算を三年編成できれば、民主党の多くの新しい政策は必ずや実現できる。だが国民はせっかちで、四年目をずっと待つほどこらえ性はない。それだけに、民主党政権は必ず何かをやるという安定感を早いうちに植え付ける必要がある。十二月までの年内百日間の工程表をつくってその実現を急ぎ、目玉となる政策のいくつかをその間に仕上げる必要がある。それは予算の組み替えでもいいし、日米関係の新たな構築であってもよい。目に見える成果がわかれば、国民はその後も民主党政権を信任する。

翻って野党自民党の再生は難しい。特に今回、二十一世紀に入ってからの首相経験者四人が現役議員に残ったことは党の改革を難しくしよう。なぜなら彼らは与党体験からしか政党を見ないからだ。本当の野党とは何かを見いだしえぬ限り自民党は再生しない。

メディアもまたせっかちだ。成果が出ない、何かもたもたしているとなると、たちどころに政権批判が始まるだろう。だが初めて政権を取った党がもたつくのは当然で、ハンディを認めない限り、どんな政権も長続きしない。壊すのはたやすいが、何かをつくるのは極めて難しい。発足百日は政権と蜜月である米国メディアのように、当面温かく見守る必要もあろう。

近現代の日本は、ペリー来航や満州事変といった歴史を揺るがす大事件から十五年で明治維新や終戦などのレジームチェンジ（体制変革）を招き、さらに十五〜二十年を経て、大日本帝国憲法発布、安保騒動後の高度成長の定着という格好で体制が安定した。

九三年の政治改革に端を発した細川政権誕生を起点にすれば、十五年たった今度の国民の審判はまさに第三のレジームチェンジである。今回、体制安定に十年超の時間がかかることはあるまいが、安定した先の姿はまだ見えない。その間、知を総動員し何を仕掛けるか、これからが正念場だ。

終 「壊死」した国家を再生できるか
――明治維新の原動力を振り返る――

内側から腐り始めた日本の危機的状況

現在の日本は、史上初の危機状況を迎えているといって間違いありません。問題は、何が危機状況なのかということです。

かつては、戦争や反乱、革命などの暴力的な混乱にどう対応するか、あるいはそうした騒乱状態の中からどう秩序をつくっていくかが国内の危機への対応法でした。いまの日本は終戦から六十年経っても、いまだ「戦後」が続いているような状態です。この状況に多くの人が閉塞感を持ちながらも、騒乱を招く暴力へと向かうこともありません。だからといって、政府の決定や国の方向性にはっきりとした見解を持ったり、支持をすることもない。

麻生政権が誕生したとき、いよいよ何か音を立てて崩れていくようなドラマをこの目で見られると期待したところがありました。人々の胸を打つような何かしらの崩壊のドラマがあるのではないかと。ところが、日本が直面している危機状況と危機による崩壊はドラマにもなりませんでした。たとえいまあるものが壊れたとしても、状況はさほど変わらないでしょう。人々の多くも、新しい世界やユートピアに対する期待をまったく持っていない状況下で、既成の権力がグズグズと芯から腐敗していっている。戦後六十年を経て、現在の体制はとうに耐用年数を超えてしまったのですね。

それを自民党体制が象徴しています。二十一世紀に入り、森政権から小泉、安倍、福田と次々に政権が代わりました。小泉政権を除いてはどれも一年しかもたなかった短命政権です。おそらく森政権の段階で事実上、自民党政権は潰れていたのでしょう。小泉政権は小泉純一郎が奇手、妙手でもたせた「五年間の仇花《あだばな》」ではなかったかと思います。現在は総理大臣不在の状況が続いていると言ってもいい。

さらに恐ろしいことには、この国が腐敗し内側から崩れ落ちていこうとしているのに、国民がまったく関心を示さないことです。サブプライムローンに端を発した金融危機も、本来ならばもっと深刻に考えるべき問題ですが、さほど逼迫しているようには見えない。この状況のまま朽ち果てていくように思えて、日本社会もとうとう来るところまで来たかと感じざるを得ません。

アメリカを見てください。今後は、いままでに比べたら経済の縮小化はやむを得ないでしょうが、ブッシュ政権では現状を乗り切れないと思えばオバマを選択する。初の黒人出身の大統領を選ぶという大転換、「CHANGE」を成し遂げたわけです。いまの組閣状況からは、超党派内閣で一体となって国難に立ち向かおうという姿勢が見えてきます。新しい統治スタイルを示し、新体制をつくっていく覚悟を示したのですから、アメリカという国の底力を感じさせます。

対照的に、日本国民は総理大臣も、官僚も、政治家もすべて信用していない。それどころか、侮蔑さえしています。にもかかわらず、大転換を図ろうという新しいプログラムや戦略、あるいは意気込みのような積極的モチベーションが国民側にまったくない。すさまじい勢いでシニシズムが蔓延していて、明るい将来が見えなくても今日一日を無事に過ごせればそれでいいかというところに、皆が収まってしまっています。これが現在の最大の危機ではないですか。良い喩えではないかもしれませんが、生きながらにして体の組織が死んでいる「壊死状態」、それがいまの日本の状態だと感じています。

政界に人材がいない、官僚にも人材がいない。それはその通りです。では、それに取って代わるような人材が国民にいるのかといえばこれもまたいない。「ないない尽くし」の最たるところに日本は来てしまっているのです。

その日暮らしのような感覚が日常になってしまっていて、各界のリーダーたちも、長期的な展望や戦略をいっさい言わなくなりました。先を見据えてその状況に空恐ろしさを感じ、口に出せないというのではなく、本当に展望を持ちえていない。ビジョンがまったくないのです。

この国の根幹でもある天皇家も決して安寧とは言えない状況にありながら、天皇制をどうしていくのかも、国会で話し合われていません。自民党はいま自分たちのことで精いっぱいですから。ただ、天皇制をどうするのかということは、国のビジョンを決めることと同義です。ナショナル・アイデンティティがここまで軽んぜられている国は日本の他には見られないでしょう。中国や韓国、北朝鮮を恐がる前に、こうしただらしない姿を隣国に晒《さら》している自国についてまず考えるべきです。

このような現状を招いたのは、戦後、日本人が国について考えることを忘れてしまったことにあると思います。僕は吉田茂の政策が悪かったとは思いません。GHQの支配下で日本が最終的に「講和・独立」を図るには、経済発展をするしかなかった。ところが、経済で国を立てる中で、イデオロギーの問題と国家像とをどこかで混同してしまった。国については「触れてはいけないもの」と頭から思い込んでしまったのでしょう。自民党の党規には憲法改正が掲げられていますが、棚上げされて一向に手を着けません。

僕はTBS系列の討論番組「時事放談」の司会をする中で、長老の政治家たちに話を聞く機会がありますが、彼らもはっきり断言します。この国は崩壊している、かつてない事態だと。ただ、いまの国をつくりあげてきたのは元老たちですから、彼らにももう知恵はないわけです。では、この国の新たなビジョンはいったいどこから出てくるのでしょうか。

「狂」に裏打ちされた「異」の人、龍馬

こうした現代の状況を前提として、いまからせいぜい百五十年前、ちょうど幕末・維新のころを見てみましょう。その時代もまた内政的発展から言えば限界に近い状態でした。鎖国をしている限り経済的発展は望めず、政治の面でも現実的には商人が実権を握り、武士階級は武士であることを忘れてしまっているかのような社会でした。三百年近く続いた幕藩体制という政治的なシステムが限界に来ていたものの、それに気付いていたのはほんの一握りで、多くはいまだ太平の夢をむさぼっていた。

明治維新で活躍した坂本龍馬、西郷隆盛、大久保利通、その他多くの志士たちも、全国民から見たら、少数派、微々たるものです。しかし、彼らは「過剰」とも言えるほど、日本という

国を意識していました。通常ならば、幕藩体制が敷かれている只中に自分の藩を超えて国家の存在を意識することは容易ではないと思います。逆に言えば、江戸幕府は国家を考えさせないためにそうした分割統治の形を取り、成功してきたわけです。

ところが、そこへ脱藩の志士と呼ばれる者たちが現れた。そして、藩という閉じられた発想の枠に縛られてはいけない、それを超えたところにナショナル・アイデンティティを確立していこうと動き始めます。これは、藩に忠誠を尽くし、幕府に忠誠を尽くしてさえいれば、食うに困ることもなく「明日がある」と考えていた大多数の人たちに大きな衝撃を与えたはずです。しかし、すでに欧米諸国の蒸気船は日本に来ていましたから、この国は狙われている、このままでは日本が滅びるかもしれないとそれに異を唱える人たちが現れた。江戸時代の武士たちの中にもはたして自分たちに日本が守れるだろうかという空気が流れ始めてきます。このような動きの中で、幕府崩壊への道がつくられていくわけです。

こうした状況下に登場してきた龍馬を初めとする志士たちは、まさに「異」の人物でした。さらに言えば、その「異」は「狂」に裏打ちされていた。高杉晋作、桂小五郎、山縣有朋、伊藤博文などののちに世の大転換を図っていく志士たちを育てた吉田松陰もまた、自らを「狂夫」と称していました。そういう狂的なまでのものを持つ人が登場しなければ、新しい時代は迎えられないのです。

幕末・維新時には、数限りない「異」が現れました。中でも坂本龍馬という人物は、非常に魅力的です。彼はとても柔軟な考え方をもって、ものごとに当たっていきました。象徴的なのは薩長同盟です。一八六四年の第一次長州征伐に先頭切って加担した薩摩と、それに討ち負かされた長州ですから、当時はもちろん激しい敵対関係にありました。武士は利よりも、名誉や誇り、義を重んじます。一度、亀裂が入ったところを取り成し、手を結ばせることは並大抵のことではありません。

普通の人ならば、その状況を理由に薩長に手を結ばせることをまず考えもしないかもしれませんが、龍馬の目標は新しい日本をつくることだった。そのためには、薩長同盟を成立させ、幕府を倒さなければいけない。その調整役を買ってでたわけです。とてもシンプルで簡単な理屈ですが、実現させるとなると話はまた別です。龍馬はその成功のために、全情熱、全精力をかけました。彼にとっては、何より新しい日本をつくるという大義を全うすることがすべてだったからです。だから逆に、彼は自身がその後の新しい国家を率いていく要人になろうとは思わなかった。

大政奉還後、龍馬は新政府の要人のリストを西郷らの薩摩藩士に見せました。そこに、彼の名前はなかった。そのことを問われた龍馬は「これからは、世界の海援隊でもやりましょうか……」と答えたと言われています。つまり、海外の国々との交流や貿易など、すでに次なる目標を龍馬の眼はしっかりととらえていた。やはり「異」の人なんですね。龍馬の魅力の一つはこうした先見性のあるところですが、これも新しい国づくりが大前提にあったからこそのものだと思います。

彼が維新を見ずに若くして死んでしまったことは残念ですが、逆に言えばあの時代は暗殺されてしまった人間ほど自らの精神に従って動いていたとも言える。「狂」や「異」は、ホモジニアス（同質）にまとまろうという人間には、存在そのものがこしゃくでうとましいことでしかありません。何もしなければ、秩序も壊れず安定したままでいられるはずですから、「異」を排除しようと思うのはある意味当然です。それに気付きながらも、志士たちは死を恐れなかった。自らの一身を投じてもやるべきことがあるという覚悟を持っていたのでしょう。そこが、彼らのスケールの大きさです。

龍馬については諸説ありますが、龍馬の龍馬たる所以というのは彼の状況適応能力の高さだと思います。ある状況にいながらにして、その一歩先が見える。その一歩先を実現するために動いていった。師や書物の影響がなかったとは言いませんが、彼の場合は実践的な現場の最前線の中で自らを培っていったのでしょう。勝海舟や横井小楠との出会いも龍馬の行動の先にあったものです。一つの出会いが次なる出会いを生んでいく。そしてまた、出会った人たちに認められていくわけです。それも、おそらく「出来る奴」という評価ではなく、「何か変な奴」という認められ方だったのではないでしょうか。「異」なる人は「異」なる者が分かる。のちに日清戦争を指導する立場となった陸奥宗光を最初に認めたのも龍馬でした。他の人には、ただの変わり者にしか見えなかったけれども、龍馬には見所がある人物だと思えた。たとえすぐには使い道がなかろうとも、いずれは国家のために役立つ人材だから「そのとき」が来るまでとっておかなければならないと考えた。実際に四十年経って「そのとき」はやってきます。陸奥は明治天皇に相当嫌われていたのですが、時の総理大臣・伊藤博文はそれを押して陸奥宗光を外務大臣に登用しました。龍馬亡き後、後を任された人たちも、大胆さと、一度決めたら何があっても貫き通す覚悟を持って国の仕事に当たっていたのです。

明治政府と徳治政治との間で揺れた西郷

実は、維新と言えば、西郷隆盛と大久保利通の二人を欠かすことはできません。僕は初め、西郷という人がよく分からなかった。ただ、そのうちに西郷・大久保と並び称されるのには意味があるということが分かってきました。彼らは、それぞれお互いにないものを持っていたのですね。この二人がいて初めて日本は維新を成し遂げ得たのだと思います。

西郷が徳治政治を目指したことはよく知られていますが、最終的に国家にとって制度や組織が必要だということについては彼も否定できなかったでしょう。ただ、それよりも、まずこの国に必要なのは人間の精神や徳だと考えた。彼にとっては、人間的な器を持った人がいて政治が成り立つのであって、まず最初に制度ありきではないという思いがあったはずです。それは、西郷の人に対する接し方にも顕著に表れます。彼には天皇や藩主に対する惜しみなき畏敬の念が溢れていて、こうした人たちをただ利用可能かどうかだけで判断をしませんでした。尊敬する人に真に仕えることによって、「誠」が生まれると思っていたふしがあります。だから制度や組織を重んじる人から見れば、西郷は大変な革命家だと見ることもできる。こうした彼の精神は、ナショナル・アイデンティティを形成していくうえではとても重要な役割を担っていました。ある意味では、近代日本国家の土台の部分を築いたとも言えます。

おそらく西郷自身も、明治国家に関してはずいぶんと気持ちの上で揺れたのではないでしょうか。この国を欧米の帝国主義から守るためには、いちはやく近代化しなければいけない、これは分かっていた。でも、そのために、幕藩体制下に培われた武士的エートスや一見前近代的な組織、制度をすべてつくりかえることに問題はないのかという「ちょっと待った！」との問いが彼の中にはずっとあったと思います。

しかも、明治維新以降、彼は東京から度々故郷である薩摩に戻っています。きっと維新前に胸に抱いていた「今後、この国をどうしていくのか」という自分の思いを再度確認したかったのでしょうね。そして、自らの気持ちを固めてから、また東京へ向かっていた。それほど西郷は内側から大きく揺さぶられるものがあったに違いありません。

明治六年の政変では征韓論を主張し、大久保らと対立して新政府を辞職することになりますが、征韓論を主張したのは彼が朝鮮に死に場所を求めていたからでしょう。もともと西郷はあまり口数の多いほうではなかったようですから、このころになると周囲の人々が彼の一徹な行動を読み込み過ぎて、本人が口を開く前に彼に代わっていろいろな解釈をしていたようです。そうこうしているうちに、西郷は身動きが取れなくなっていった。西南戦争のときもおそらくそうだったのではないでしょうか。

本来であれば、彼の朝鮮行きは決まっていたのです。ところが、岩倉具視の陰謀によって、廟議がひっくり返された。そうしたことが起きること自体、西郷が本来理想としている政治とはほど遠いものでした。だから、彼は新政府を見限って、すんなり薩摩へ引っ込んだ。もし、明治国家の制度や組織を大事なものだと思っていたとしたら、西郷はそこでもっと戦ったはずです。

その後、彼はもう先がない武士たちとともに滅びる道を選びます。西南戦争に勝算がないことは分かっていたでしょう。むしろ武士の精神をもって集まってきている人々が明治政府に勝ったら困るとさえ思っていたかもしれません。でも、最後には向こう側（政府）ではなくて、こちら側（武士）に立って死んでいった。彼と多くの武士が倒れていったことで、武士の時代がようやく幕を下ろし、新しい日本国家への道が拓けます。西郷の死は国家全体の安定を助けたことになったというわけです。

少し話はそれますが、そういう西郷を幼いころから見ていた明治天皇は彼が好きでたまらなかったようです。だから、西郷もまた国をつくった一人であるという理由で「逆臣」の汚名は天皇によってそそがれます。アメリカの日本文学研究者であるドナルド・キーンは、こうした恩赦はヨーロッパの王政下では考えられないと記しています。一度、王に弓を引いた者の罪を許すことは、どのような理由があったにせよあり得ないのです。維新後の最大の反乱者でさえも、維新の父祖共同体の中に居場所を与えた点も維新の面白さの一面かもしれません。

薩摩人であることを捨て国家に身を捧げた大久保

さて、一方、大久保利通です。明治六年の政変で西郷が故郷に引っ込むと、対照的に大久保は東京に腰を据え、二度と故郷には戻らなかった。気持ちのうえで、薩摩人であることを捨てたわけです。そして、ナショナル・アイデンティティをつくっていく明治国家に身も心も殉ずる決意をします。同郷の西郷が西郷らしい、西郷なりの始末の付け方をしているのだったら、自分はすべてを断ち切り、東京へ出てこの国を担おうと決断する。彼が日本国家に描いた未来像は、五箇条の御誓文に「広ク会議ヲ興シ万機公論ニ決スベシ」とあるように、立憲君主制に一歩でも近づくことでした。しかし、国会の開設が容易ではないことは、初期の明治政府の混乱からも分かります。ありとあらゆる有象無象を入れた会議を開き、平等化を一気に推進しようとすれば、日本の近代化、富国強兵に向かうインフラづくりができません。

西郷と違って実際にその眼で海外を見てきた大久保だからこそ、彼我、つまり向こうと日本との違いを思い知らされたはずです。もたもたして周辺の国と同じく欧米諸国に狙われる前に、まずは有司専制と言われようとも、少数精鋭で国家づくりをしなければ、富国強兵はなし得ないという確信があったに違いありません。「正則」は立憲国家、しかし、当座は富国強兵のために、自分が権力の核となって明治政府を率いていくという「変則」をとらざるを得ないと考えた。この「正則」と「変則」の二重性にこだわりながら近代化を推し進めていくことが、明治零年代の彼の努力だったわけです。事実、あの時期に地租改正も行い、日本のインフラの相当な部分がつくり上げられていきました。

明治十一年五月十四日、彼は福島県令山吉盛典《やまよしもりのり》にこのようなことを言っています。「昨年に至るまでは〝兵馬騒擾《そうじょう》〟だった」と。つまり、兵や馬が暴れまわる混乱の十年で、この時期が明治国家の創業期だとしています。そして、明治十一年から先の十年を「内治を整ひ民産を殖するは此の時なり」と、本当の意味での国づくりの時期だと言っています。大久保利通が元加賀藩士によって暗殺されてしまったのは、その言葉を発したわずか数時間後のことでした。

ただ、彼の言葉通り、伊藤博文をはじめとする大久保の後継者が後の十年でこの国の基礎の部分を築き上げていった。だからこそ、明治二十三年、他のアジアの国々に先駆けて日本で議会が開かれるところまでいったのです。

殖産興業の面でも、大久保が四十年で海外に追いつけると言ったのは、それだけ相手を飲んでかかるような精神があったからでしょう。事実、十年後には陸蒸気が走るようになっています。これだけ短期間に技術革新をなし得たのも、歴史に名を残した偉人と呼ばれる人のみならず、日本のために無数の技術者たちが努力をしたからです。

龍馬、西郷、大久保は、皆いずれも、確固とした見通しを持っていた。必ずしも自分がその時代の先導者とは思えなくても、先行きの国家像を見据えながら、いま自分が果たすべき役割を全うしようとする精神があった。三百年近く続いたシステムをひっくり返そうというのだから、真っ直ぐな一本道では目標にたどり着くわけがありません。さまざまな方向性を持つ無数の「点」が放射状に「目標」を目指して向かっていき、その過程でそれぞれが自分の役割を果たして倒れていったのです。

そういう人たちの「異」であって「狂」的な行動の上に、後の明治国家がある。明治維新はこの国家の凄まじいエネルギーの集中と発散だったと思います。

これは、東北戦争で敗北した東北の武士たちも同じです。彼らは元薩長の藩士たちが中心となった新政府に反発することはなかった。確かに、薩長の連中は気に食わないと思ったかもしれませんが、最終的にはこの国のために新しい国家に自分たちも参加し、貢献していこうと思うんですね。これが明治を支えた人たちの精神だったのだと思います。

翻って、現代の人たちは、おそらく日本という国があまり好きではないのでしょう。その一つには、日本の興亡史を教えてこなかったことにも要因があるはずです。誰も自国のことを知らない。明治維新のときに、先人たちが立ち上がったことを日本人はもっときちんと勉強すべきです。それも、さほど昔のことではない。たかだか百五十年前の話なのですから。

人材のストックが底を突いた現代

かつての日本の優秀さを挙げると、脱藩の志士が出ることを許したように、国内に人材のゆとりがあったことです。危機に直面すると、きちんとそれに対応する人間が現れたわけです。維新の後の大きな転換期だった敗戦時にも人材はいました。一九三〇年代から、ずっと冷や飯を食わされてきた幣原喜重郎、吉田茂、芦田均、鳩山一郎らが戦後復興の中心人物となって現れます。戦時中は表舞台から遠ざかることもありましたが、それでも日本は彼らを殺すことなく生かしておいた。

こうした人材のストックがいまの日本にはまったくないのです。この重要なストックをこの国が忘れてしまったことに現在の悲劇があると思います。おそらく二十年前のバブル以降で長期的な人材育成を考えなくなったからでしょう。努力もせず儲かることに味をしめてしまい、現世欲につられて皆が一直線にバブルへ向かってしまった。さらにＩＴバブル時代を迎えましたから、現実感は薄れ、よりヴァーチャルな世界へと日本人が突入していったわけです。株やインターネットの世界もまた同じです。

現代はあまりに情報交換が多過ぎて、その中でまともにものを考えることが難しくなっています。一概にＩＴが悪いとは言いませんが、現実にモノを深く考えなくなっていることは事実です。ものも考えられず、人材も出ず……というのでは、絶望的ですよね。

ここまで来た以上は、例えば小選挙区から中選挙区へと制度を元に戻すと世の中が良くなるというようなレベルの話にはなりません。もっと、日本のナショナル・アイデンティティへ立ち返るような根本的なところから考え直さなければいけないのです。

では、どうすればいいのか。その答えがここですぐに出せたら苦労はありません。ただ、ひとつ言えることは、ここまで来たら短期的に見る見るうちに国が良くなるということはあり得ないということです。

しかしある意味ではことは単純です。まずは、日本人とは何であるかをじっくりと考え、そのためには少なくとも明治維新前後からの歴史を掘り起こし、この国が豊かな想像力と歴史を持っていたということを若い人たちにリマインドさせていかねばならないということです。特に上の世代が下の世代を恐れることなく、歴史をきちんと教えていかなければならない。基礎教育は科学だけではなく、歴史にも必要です。実に歴史が軽んぜられていますから、自分が何者であるかも分からなくなってしまっているのです。さらに、歴史を通して人間を面白いと思わせることも重要だと思っています。

僕が専門としている政治学でも、数字と構造化された理論、そういう抽象論ですべて説明をつけようとする若い人が増えています。でも、政治の基本には人間がいるわけで、人間の顔をしていない政治学などないと思う。僕はオーラル・ヒストリーで研究を進めていますが、若い人たちによく聞かれます。「先生、政治家の話を聞くことがそんなに面白いんですか？」と。前提が違うのです。どれほど悪評高い人であっても、彼らの発言や行動を見ていると、考え方や発想のユニークさ、人間としての魅力に気づかされます。いまの若い人たちは人間に興味を持っている人が少ない。人はそれぞれ違うパーソナリティを持っているから、同じものを見ても感じ方が違います。これほど面白いものなのに、人を見て面白がれる精神、ものを見て面白がれる精神の余裕を日本人は失ってしまいました。

かつては、本を読むことで想像力がかき立てられ、一人ひとりが独自の世界を展開していくこともできました。ところが、いまは本も手に取らなくなってしまいました。僕のゼミではとにかく毎週一冊本を読ませ、千二百字余りのペーパーを書かせて、それをもとに議論をする授業を行っています。彼らはたちどころにブレークスルーをして、急速にできるようになります。

歴史に「たら・れば」は無意味なことかもしれませんが、もし龍馬が幕藩体制の全盛期で、秩序が微動だにしない時代に生まれていたらどうでしょう。変わり者と皆から仲間はずれにされて、持てる能力を発揮しないうちにどこかのドブ板に頭を突っ込んで死んでしまうような人生を送ったのではないでしょうか。おそらく龍馬のような人は、龍馬誕生以前にも何万といたはずです。しかし、それらの龍馬は、世の中に出てくることはなかった。太平の世の中ならば、一〇〇パーセント認められない生き方ですから。

それは、西郷も大久保も同じです。だから、まさに「異」なのです。あの時代は、「異」「狂」の人たちが出てくる状況がつくられていた。時代もまた、彼らのような人物が出てくるのを待っていたわけです。そうした巡り合わせの中で、自らの役割を全うしていったのが彼らでした。

いつの時代でも日本には有事のときのために「異」の人々が必ずストックされていたはずです。ところが、何度も言いますが、いまはそのストックがいない。だから、意図的にでもストックをつくっていかないとダメなんです。もしかしたら、今すぐに始めても何十年かかるかもしれません。でも、「異」の人々を育てていかなければ、日本の先も見えてはこないと僕は思っています。

〔附〕宰相の器を問う
〈連続インタビュー〉

御厨 貴

はじめに

自民党がダメになったと思っていたら、遂に宰相がダメになりそうだ。

安倍、福田という二代の宰相がそれぞれたった一年で政権を放り出し、(二〇〇八年) 九月に自民党総裁選を圧勝した麻生太郎首相が誕生した。

麻生首相は、いったんは決心したはずの臨時国会での冒頭解散をやらなかった。アメリカ発の金融危機の影響を受け、急速に景況感の悪化した日本経済を「全治三年」と診断し、景気回復を最優先に掲げた。だが、景気回復のためにぶち上げた定額給付金の問題では、所得制限を設けるかどうかで閣内不一致をさらけ出すなど、迷走を繰り返した。早くも、首相の指導力を問われる場面が続出している。

そこで、戦後政治を身をもって体験し、長い間ながめてきた〝元老級〟の政治のプロお三方に、自民党がいつから、なぜどのようにダメになったのかを、メインテーマに伺った。話は自民党論を超えて、戦後宰相論の域に達した。

つきつめていくと、組織としての自民党もさることながら、この国の宰相の器や如何、という話にたどりつくのだ。この国はこれまで、自民党一党優位制があまりに強く長かったために、そのトップに立つ宰相の存在を軽んじてきた。近年に限っても、中曽根康弘、小泉純一郎という五年前後つづいた宰相の存在が、例外的で幸運なこととして片付けられてしまう。

しかしそうではないのだ。「シャッポは軽くていい」と言っているうちに、いつのまにやら宰相になるべき政治家の姿を見失ってしまった。

いまや国政選挙に勝てるタマ、マスコミの人気者になれるタマという、きわめてお粗末な観点だけが幅をきかせている。これでは宰相たらんとする政治家が育成されるはずがない。

麻生太郎首相は、果たして宰相の器たるや否や。祖父の吉田茂首相が作り出した戦後政治の遺産を、孫の麻生首相はどうしようと考えているのか。いやそれ以前に、失言問題、前言撤回問題などを通じて、政治と言葉、宰相の決断と言葉のように、麻生首相の一連の言動が、宰相の器を問うパラドキシカルな状況を生み出している。

こなた民主党。果たして小沢一郎代表は宰相の器たりうるか。これにも疑問符がつけられる。本来小選挙区制は、二大政党の党首のどちらかを宰相として選ぶ選挙のはずであった。しかし現実は厳しい。政界再編論がささやかれているが、そこにも立つべき宰相の姿はない。

我々はそろそろ宰相論を本格的に論ずる時期に来ているのではないか。

総理はド根性と破壊力が必要だ

中曽根康弘
（元内閣総理大臣）

御厨　いま、自民党が結党以来の危機を迎えています。二〇〇九年九月までに行われる総選挙では、自民党が惨敗して野党に転落する可能性も指摘されている。どうして自民党はこんな状態に陥ってしまったのでしょうか？

中曽根　金属疲労というか、長期政権の疲労の蓄積が過度になり、一定の限度を越えつつあるという感じですね。国民の中に、長年自民党を支え続けてきた「疲れ」とマンネリズムが目に見えて出てきた。それは、自民党員の中にすら現れ始めている。

ちょうど、アメリカの大統領選挙で民主党のオバマ候補が大勝しました。八年間続いた共和党のブッシュ政権が飽きられ、アメリカ国民は新しい時代の到来を切望していた。そこに、「チェンジ」を標榜したオバマ候補が颯爽と現れ、国民はそれに飛びついたわけです。

日本もアメリカと同じような状況下にある。日本にオバマがいるかどうかは別として、長年の自民党支配の政治は明らかに国民から飽きられている。指導者群が二世、三世で鮮度と力に欠ける。近い将来に総選挙があるなしにかかわらず、わが国も過去を返上し、時代を刷新していこうという段階にあることは間違いないでしょう。

御厨　いつ頃からそうした疲労が蓄積し出したのでしょうか。

中曽根　九三年の細川連立政権で下野して以来、自民党は漂流を続けている。社会党と組むという禁じ手を使ったし。権力志向の仕組みは変化ない。

御厨　小泉政権はその漂流をいったん止めたかに見えましたが。

中曽根　ところが、安倍内閣、福田内閣という二代の内閣がいずれも一年足らずで政権を放り出してしまった。総理大臣としての力がないとか、責任感が足りないとか、そういう批判を強く浴びてしまった。まさしく、自民党にとって最大のピンチが訪れている。

いま、麻生君が天下を獲ったけれども、過去二代の総理大臣がたった一年で政権を放り出した影響は、国民心理の中に強く残っている。国を支える政治家の「死んでもやる」というド根性の欠落が一番響いている。だから、内閣や自民党の支持率は一向に上がらないという現象が起きているのです。

御厨　確かに、政権発足直後の世論調査では、麻生内閣の支持率は福田内閣発足時の支持率を下回りました。福田さんよりも国民的人気の高かったはずの麻生さんにとっては、まったく計算外だったでしょう。

中曽根　麻生君も当初は総理になったらただちに解散総選挙を断行しようという意図を持っていたのだろうが、支持率を見て躊躇したのでしょう。解散を先延ばししたのは、もちろんアメリカ発の金融危機などの問題もあったでしょうが、実際はそういう国内的事情もかなり大きかった。

そうして振り返ってみると、小泉政権もいわば瞬間的な安定でしかなかったのかもしれない。衆議院における自民党の安定多数をもたらした八十人という小泉チルドレンも、今後残骸になってしまう危険性もある。

漂流のただなかにある

御厨　小泉さんは郵政民営化を問うた解散総選挙で自民党に三百議席をもたらしました。一方、中曽根さんも一九八六年にいわゆる「死んだふり解散」を行い、その後の総選挙で自民党は三百議席を獲得しました。この二つは中曽根さんから見て質的に違うものなのですか?

中曽根　そうですね。私の場合は国鉄分割民営化を問うたわけです。この改革に批判があるのなら票で批判してくれと。それが多くの賛同を得て三百議席という結果になった。

小泉君の場合は、郵政民営化という旗はあったが、その内実は自民党内の内部抗争であって、反対派には刺客候補を立てるという実に凄惨な戦いを行った。そのけんかの仕方は小泉君は実にうまかった。けんかが上手かったので三百獲ったんじゃないですか。けんかは党の問題にすぎず、必ずしも国家本位を感じさせない。

御厨　なるほど。小泉さんはけんかには勝ったけれど、その三百議席はチルドレンに代表されるように瞬間的なものでしかないわけですね。結局、自民党の漂流はまだ続いている。

中曽根　二代の政権投げ出しの延長線上にある現麻生政権も、後世から見れば、九〇年代に始まった自民党の漂流のただなかにあると言えるでしょう。その漂流を止めるためには、小泉君がそうしたように、麻生君も時代や自民党に対する破壊力のある言動を、国民に見せなくてはならないのではないか。

御厨　小泉さんは「自民党をぶっ壊す」という言葉を使って世論形成をしたわけですが、同じことが麻生総理にも求められていると?

中曽根　私はそう思いますね。小泉流の「破壊する」というような強い意思表示が必要だと思います。

彼はまだ練習生の段階

御厨　しかし、総理就任後の麻生さんの言動を見ていても、とても「破壊する」というような突き抜けたものは見えてきません。

中曽根　小選挙区制度になってから日本の政治は、自民党の派閥中心の政治から官邸主導の政治に変わってきている。官邸政治とは、官邸に人材を集め、総理大臣の下に強力な指導力を発揮するという性格のものだが、残念ながら、今の麻生君にはそうした指導力が人材からも政策からも強く見えてこない。

私の内閣の頃はまだ中選挙区制だったが、それでも総理大臣の下に知恵者を集めて指導力が発揮できる装置を意識して作りました。例えば、瀬島龍三さんのような財界の大物にいろいろ動いてもらったりして、官邸の意思をあまねく浸透させる工夫をしました。

いまの麻生君には、それを発揮するまでの党内的地盤がまだ確立されていないということでしょう。

御厨　中曽根さんは、政権を獲られたときに大統領型の総理大臣を目指された。そのために、官邸にいろんな機能を集約して指導力を発揮されてきた。そのときも、従来の自民党型ではないやり方、つまり破壊するということを念頭に置かれていたのですか？

中曽根　私は、総理総裁に就任した際に「戦後政治の総決算」ということを言いました。それまで続けてきた自民党政治というものを全面的に洗い直してみよう、そして洗濯し直して新品に変えてみせるという意味でそう言ったのです。

そして、国鉄改革や対米外交の見直し、防衛費のGNP比一パーセント枠の撤廃など、それまでの自民党政治ではタブーだった問題を意識して取り上げるようにしました。

御厨　中曽根さんは内閣発足直後から最初に成果を出さなくてはならないという意識がおありだったのだと思うのですが、麻生さんはスタートダッシュの段階で何も見えてこない。「景気回復」を唱えているが、これまでの自民党政治を打破するというような新しさは見えてこない。

中曽根　まあ総理就任の三カ月は勉強で、彼はまだ練習生の段階ですね。一議会終わったら、解散前に自分を剝き出しにしたものを出してくるとは思いますが。

御厨　それは内閣改造という形で出てくるのでしょうか？

中曽根　内閣改造もそうだが、政策もそうだ。例えば、憲法改正の問題などは、安倍君の時代に大いに盛り上がったのだけれど、福田君になって以降はみんな声を上げなくなった。改正派の人間もシュンとなっている。

安倍君が国民投票法を成立させて、昨年（二〇〇七年）八月に衆参両院の憲法審査会が設置されたが、審査会規定の制定はずっと見送られている。これは解散総選挙を経なければ動かないだろうが、今後麻生君がある程度長期遠大な国家目標を打ち立てようとするなら、この憲法改正という問題は必然だと思う。目先の景気だけでなく、この国のかたちとか国家の目標というものを国民に明示するのが、いまくらい必要なときはないのではないか。

御厨　総理の指導力という問題にも繫がると思うのですが、麻生総理はいまだに首相公邸への引越しを済ませていませんね。総理が首相官邸に直結する公邸に住むことは必要なことではないのですか？

中曽根　もちろん必要なことです。内閣総理大臣たる者は、寝ているときも含めて二十四時間総理大臣ですからね。私邸へ帰ればのんびり出来るかもしれませんが、それは考え物ですね。

私は、ずっと公邸に住んでいたライオン宰相、浜口雄幸の伝記を読んだときに強くそう感じました。官邸の庭にある古い大木で梟《ふくろう》が「ホーホー」と鳴いているのを聞いて、浜口は無常を感じるとともに、政治家の宿命というものを考えたといいます。私はその言葉に打たれて、自分が総理になったら絶対に公邸に入ろうと思いました。

危機管理の面からしても、麻生君も一刻も早く入るべきだ。公邸にいると自己の道を貫く信念と責任感が強くなる。

私なら投げ出さない

御厨　安倍・福田と二代続けて総理が政権を放り出したダメージが大きいとのことですが、中曽根さんならあの場面で辞任という選択をしましたか？

中曽根　私は投げ出さないですね。ああいうときこそ歯を食いしばって、何を言われようとも頑張る。まあ、安倍君の場合は体調が悪かったという特殊な事情もありますが。

御厨　かつてに比べて、日本の総理大臣が人間としてひ弱になっているような印象があります。

中曽根　それは、彼らが良家の子弟であるという点が大きいでしょうね。我々の時代は、田中角栄さんにしても私にしても、農家の倅だとか材木屋の倅だとか、苦心惨憺しながら自分の努力と力で地獄を潜り抜けてのし上がってきた。政治の道を自分で選び、いろいろな社会的批判を浴びながら、そして何回も殺されそうな目に遭いながら生きながらえてきたわけです。

安倍君や福田君も、彼らにすれば、あのタイミングで政治的に殺されそうになったわけです。しかし、そういうときにこそ、歯を食いしばって生き延びなければならない。そういう瞬間が政治家には何回か訪れるものです。

御厨　ちなみに、中曽根さんにとって思い出深い「生き延びた瞬間」というのは何のときですか？

中曽根　まあいろいろあるけれど、ロッキード事件やリクルート事件でがんがんやられましたからね。あの頃はジャーナリズムが「政治家は刑務所の塀の上を歩いている」などと相当厳しい批判を我々に浴びせていました。しかし、私は法に触れることは一切やってきていない。だから生き延びられたんですが（笑）。また戦後政治の総決算などという主張は右翼国家主義と総攻撃された。

御厨　そういう修羅場を潜り抜けるという経験がいまの総理大臣には少ないということですか？

中曽根　そうですね。やっぱり見ていて弱いですね。すぐに挫折してしまう。

野党内閣誕生の可能性

御厨　次の総選挙で自民党は細川政権以来の野党に転落する可能性が極めて高くなっている。仮に、自民党が選挙で負けた場合、自民党は野党として存在感を示していけるのでしょうか。

中曽根　仮の話ではなくて、自民党が野党になるということは、実は現実味がある話なんですね。現在の国民の政党支持率などを見ていると、少なくとも衆議院で三分の二という絶対安定多数の議席を与党の自公で維持することは難しい。

すると、自民党と民主党のどちらが第一党を獲るかという争いになる。自民党が小差であれ、第一党の座を民主党に譲ってしまった場合には、野党内閣が誕生する可能性が高い。現在の参議院は野党が多数を握っており、衆参両院で第一党の民主党が総理大臣を出すほうが憲政の常道なわけですから。つまり、自民党が野党に転落することは十分考えられる。

そういう事態に陥ったとき、自民党はどういう態度を取るべきなのか。御厨さんがおっしゃるように、いまから真剣に考えておくべきなのですが、これまで勝つことに慣れきっていたからなのか、このシビアな情勢というものをあまりまだ肌身に感じていないような感じがしますね。

御厨 中曽根さんは一九五五年の保守合同以前の吉田茂内閣のときに、野党を経験している。そういう人がいまの自民党にいないというのも、危機感が欠如している一因かもしれません。

中曽根さんの体験から、野党になった場合、政治家としては与党にいるときと何が違うのですか？

中曽根 野党になったら、まず第一に地位や官職が来ない。それから、現実的なことを言うと、党からのお手当てが少なくなる。また、官僚が言うことをきかなくなる。実は、政治家というのは、官僚から情報を得なければならないことがたくさんあるのだが、そういう情報が入ってこなくなる。

そうなったときに、どうやって党内を統制していくか。よほどしっかりとした政策を持って、その政策の威力で党員や議員を引っ張り、与党と闘っていく態勢を指導部は作らなくてはならない。私などは多少は経験があるけれども、いまの指導部にはそういう経験がない。本当は心ある政治家なら、そういう事態になったときにどうするのかを考えておかねばならんのだが。

御厨 昨年の衆院選大敗によって生じた衆参ねじれ現象で、当時の福田政権は民主党との大連立という策に打って出ました。当時、私が司会を務めるテレビの「時事放談」に中曽根さんと読売新聞の渡邉恒雄さんが出演したときに、大連立の話が飛び出したので、大変印象に残っています。中曽根さんはいまでもあのときの福田総理の判断は間違ってなかったと思いますか？

中曽根　当時、渡邉さんが言っていた「大連立」と、私の言っていたのとはちょっと違うんですね。渡邉さんはわりと早い段階での大連立を考えていましたが、私はもう少し時間をかけて解散総選挙後によく話し合ってからのことだと思っていました。

御厨　それはどういう理由からですか？

中曽根　自民党と民主党の両党首が話し合って急に連立の話が出てきたわけだけれど、国民の目からするとあまりにも唐突で、その場の思いつきのような形で出てきてしまった。少なくとも国政ということを考えた場合に、事前にいろいろな準備や入念な打ち合わせが必要なんですね。大連立は必要なことですが、両党の党内情勢を踏まえれば、ある程度の時間を取ったほうがスムーズに行くはずだと思っていました。特に総選挙でその方針が国民の審判を経る必要があると思っていました。

小沢さんは非常に成長してきた

御厨　結局、中曽根さんがおっしゃるように、性急な動きが特に民主党内で小沢代表への猛反発を生んでしまったわけです。中曽根さんから見て、いまの民主党に政権担当能力はあると思いますか？

中曽根　いろいろな経験をしてようやく政権担当政党らしくはなってきたけれども、内部的に見るとまだ非常に危うい面もある。例えば、旧社会党系の議員がまだ三十人ばかりいる。もし民主党が政権を取ったとしても、彼らは半年か一年は我慢するだろうけど、二年、三年は我慢しないですよ。それは戦後の片山内閣がそうだった。

御厨　社会党の片山哲委員長が総理に就任し、当時の民主党などと連立を組みましたが、一年足らずで総辞職しました。あのときは、社会党内の左派の反乱がありました。

中曽根　そういう要素をいまの民主党も持っている。つまり矛盾を抱えているという意味で安定性がない。

御厨　小沢さんについてはどのような評価をしていますか？

中曽根　最近は非常に成長してきたと思いますよ。私は彼を若い頃から知っています。たしか一九八五年に、私の内閣で自治大臣として初入閣したはずです。その頃から彼のことは評価して付き合ってきた。まあ、いろいろと紆余曲折があり、批判すべき要素も多々あるのですが、いまの段階では野党の党首らしい党首として存在感を示していると思う。政治家として非常に成長したと思いますね。

御厨　では、いまの小沢さんに総理大臣になる能力は備わっていると思いますか？

中曽根　彼に能力はあるが、彼はならんと言っているんじゃないか。

御厨　最近はなると言っているようですが。

中曽根　彼自身はならんと言っていたがな。まあ、最近はなると言っているとしても、やっぱり自分の健康の問題なんかも考えるんじゃないかな。

御厨　では、総理になるならないは別にしても、総理をやる能力はあるということですね。

中曽根　そうですね。自分の手柄とか目先のことだけを考えるレベルを脱却したという意味で、成長してきたと見ていますね。

麻生君は自分の特色を出せばいい

御厨　そうすると、小沢さんはかなり長いスパンを経て政治家として成長してきた。翻って、麻生さんにはそういう長いスパンがない。その分だけ、麻生さんはつらいのではないですか？

中曽根　彼の場合は、実業家上がりだという特色がありますね。安倍・福田両君にはなかったもので、それは麻生君の特権です。特別の政治家の子弟というだけではなく、官僚上がりでもない。いわば純民間人である。そういう自分の特色を、もっとぐいぐい前に出せばいい。例えば、田中角栄という人はまさしく純民間人だった。ぐいぐい出して、出しすぎたくらいだ(笑)。

麻生君も、もっと思い切ってやったらどうかなとは思いますね。

御厨 最初の話に戻りますが、いまの疲労しきった自民党政治を立て直すには、やはり大きな政策を思い切って国民に示すことが必要になりますね。もし中曽根さんがいまの麻生さんの立場なら、どういう政策を打ち出していきますか?

中曽根 私は総理になって「新保守自由主義」という立場を明確にしました。それと同時に、性格や政策の違う二つの対抗勢力が戦うという、わかりやすい構図を国民に見せる必要があると思いますね。

御厨 中曽根さんの頃と比べて、最近の総理大臣の言葉はいささか軽いように感じます。言葉の重みが違うというか、どうしてそれだけの差が出てしまうのでしょう?

中曽根 それはやっぱり性根が不足しているからでしょう。優等生のお坊ちゃんでは、重みのある言葉は出てこない。我々が師事してきた先輩政治家や、あるいは付き合ってきた同僚の政治家たちは、みな批判されても叩かれても、歯を食いしばって自分を主張し続けてきた。

そして、これが大事なことだが、安易な妥協をしなかった。なかなか人に頭を下げることをしませんでしたね。そういう一途なところが昔の人にはありました。それが、だんだん与党でい続けることが目的化したがために、いつのまにか、政治には妥協が必須だということになってしまった。現状はその弊害が強く出てきている。政治家というのは、本来はけんかをして生きていかなければならないものなのだが。

創価学会依存で力が落ちた

御厨　安易な妥協が蔓延した結果、自民党が疲弊したという指摘がありましたが、公明党と長く連立を組んできたことで、選挙で創価学会に依存する傾向が強まり、自民党の足腰が弱まってきたという側面もありますね。

中曽根　それはおっしゃる通りで、人間というのは弱い存在ですから、権力麻痺症に陥っている。助けてくれる人がいると、どうしても手を抜いてしまう。公明党・創価学会が助けてくれると思えば、自分の力が落ちてくるのもしようがない。

ただ、安易な妥協はよくないが、政治現象という面を見ていくと、その場その場に適合したやり方で時代を切り抜けていくという手法も認められるべきであって、純粋潔白な理想主義だけで政治が開かれるとは思わない。現在の状況は残念ではあるけれども、やむを得ない面もある。

また、先ほど述べたように解散総選挙後の情勢や政治の展開具合によっては、また新しい天地が開かれるかもしれない。

御厨　麻生さんは『文藝春秋』十一月号（二〇〇八年）で十月の臨時国会での冒頭解散を示唆しました。結局、解散はしませんでしたが、中曽根さんだったら冒頭解散しましたか？

中曽根　やはり一度は決心したでしょうね。しかし、実際に解散したかどうかとなると、そのときの情勢判断ですね。麻生君と同じように、解散をやらなかったかもしれん。

御厨　やるべきだったと思いますか？

中曽根　それはわからないね。経済の状況がここまで悪くなっていることと、もう一つは先ほども言った支持率の問題。米国の金融危機に加え、思いのほか支持率が悪かったことが、麻生君の判断を変えさせたのでしょう。

御厨 では、解散しなかったのはやむを得ないとお考えですか？

中曽根 そう思いますよ。

御厨 逆に言うと、それだけ自民党は苦しかったというわけですね。

中曽根 それで負けるよりは、現にいまも政権が続いているのですから、よかったのではないかな（笑）。政治には我慢と時期を選ぶ力が不可欠です。

東大法学部卒に騙されるな

塩川正十郎
（元財務大臣）

御厨　塩川さんが財務大臣として支えられた小泉総理が退任して以降、自民党の凋落が止まりません。塩川さんは昭和四十二年の初当選以来、四十年近く自民党とともに歩まれてきたわけですが、自民党が一番輝いていた時代とはいつ頃のことですか？

塩川　やはり昭和四十年代から五十年代前半にかけてでしょうね。昭和五十四年に第二次石油ショックが起きるまでは本当にいい時代でした。自民党の覇権は、高度経済成長が続いた昭和四十年代に確立したんですね。

御厨　佐藤内閣から田中内閣という自民党の主流派が政権についていた時代ですね。では、第二次オイルショック以降、自民党はどうしてダメになっていったのでしょうか？

塩川　経済成長の速度が変わったことが一番大きい。四十年代は毎年一〇パーセント前後の経済成長を続け、第一次石油ショックで一時的に落ち込んだものの、すぐに五パーセント前後に戻りました。でも、第二次ショックの後は高成長に戻れず、平成のバブルまでは二パーセント台の低成長になってしまった。

それまでは、毎年経済が五パーセント以上成長するという前提で政策を作ってきたわけですが、九〇年代に入ってバブルが弾け低成長時代になっても自民党はその政策の見直しができなかったんですね。

御厨　どうして見直しをできなかったのでしょうか？

塩川　過去の成功体験に酔っていたというか、縛られていたからでしょうね。高度成長というのはそれほど日本人にとっては大きな体験だった。優秀な官僚が作り上げた政策を実行しているかぎり、日本経済はどんどん成長していき、国民の生活もどんどん豊かになっていった。そこで、官僚の政策には正当性、無謬性があると、政治家が信じ込んでしまった。

本来ならば、経済成長が鈍ってきたときに政治家が方向性を修正しなければならなかったのに、それができなかった。予算にしても、官僚というのは変化を作って責任を取るのが嫌だから対前年比でしかものごとを考えない。だから、なかなか大胆な修正ができないんですね。政治家はそんな官僚の言いなりになり、〝政官癒着〟と言われる状態が今日までずっと続いてきたわけです。

御厨　年金の問題にしろ後期高齢者医療制度にしろ、官僚の言うとおりに政策を実行してきた結果、こんな体たらくに陥ったんですね。

しかし、日本経済が低成長に転換した当時、自民党には政策を転換しなければならないという危機感がなかったのですか？

塩川　もちろん、私も含め危機感は持っていましたよ。しかし、自民党の政治家にとっては、何よりも選挙が大事なわけです。これは日本の国民性の問題もあると思うのですが、日本の選挙は「頂戴選挙」なんですね。有権者が政治家に「頂戴、頂戴」とおねだりし、政治家はそれにこたえる代わりに票をもらう。つまり、利益誘導型の政治を長くやってきた。自民党に限らず、日本の政党は多かれ少なかれそういう面がありますね。最近は国民の政治に対する批判が厳しくなったが、国民性を変えなければ、日本の政治はよくなっていきませんよ。

二世三世が増えた理由

御厨　麻生政権の二兆円の給付金などは、さしずめ頂戴政治の最たるものですね。

自民党の凋落を招いた原因として、成功体験と前例主義に縛られてきた官僚の問題、そして利益誘導型の政治を求める国民性の問題の二つがあるということになります。

それらに加え、二世や三世の議員が増えて、自民党という組織が硬直化したことも原因ではないですか？

塩川　それはその通りです。小選挙区制になっても、地方における自民党の組織は実はそんなに変わっていないんですよ。国会議員の下に県会議員がいて、その下に市会議員や町会議員がいる。そういうネットワークが全国に張り巡らされているから、急に方向を変えることができないんですね。

いまだに国政選挙でも自民党県連推薦の候補者が優先される傾向が強い。小泉さんは郵政解散選挙でそれを引っくり返そうとしたわけですが、いままた元に戻ってきてますね。国民の政党に対する理解が誤っている。まず国政レベルの政策を政党が決め、それを実施する段階で地方に下ろしていく。だが、わが国では逆であって、市や町の要望が県連に上がり、それが中央に上がっていき、党で国の予算を取ってくれという話になっている。あべこべなんです。

その矛盾が候補者選定に端的に現れている。つまり、県連が決めると、どうしても二世三世が増えてしまう。

御厨　なるほど。二世三世の増加というのは、構造的な問題なんですね。

塩川　もっとも、政治家の子供だからダメなわけではありません。欧州などは、二世でも小さいときから政治家になるための教育を親がきちんと施している。その結果、本人に素質があれば政治家にしている。その場合でも、親の選挙区からは立候補させないということが多い。

御厨 日本の場合は親の地盤を引き継いで立候補するケースがほとんどですから、まさに家業となっている。だからこそ、県連レベルでは世襲への罪悪感もないし、それが利害関係者の間では一番おさまりがいいんでしょうね。

塩川 だから、実は、自民党員と言っても、自民党という政党の理念に賛同して党員になっているわけではありません。自民党員である前に地元の国会議員の後援会員であり、さらにその前に県会議員や市会議員の後援会員であるわけです。つまり、自民党員の多くが「入院するときは、ちゃんと病院を世話してくださいよ」などと議員に期待をかけている人たちなんですね。そういう土壌はなかなか変わらないんです。

いまの派閥は仲良しクラブ

御厨 もう一つ、自民党の凋落の原因に、派閥の力がなくなったことは関係ありませんか?

塩川 小選挙区制になったら派閥の効用が稀薄になるんですね。中選挙区時代は、同じ選挙区に各派閥が候補者を立てて競わせましたね。そのために派閥が一生懸命人材発掘をしていました。派閥の親分にもリーダーシップがあったし、子分の面倒もちゃんと見ていた。

それに比べて、いまの派閥は仲良しクラブ以上のものではありません。人材を発掘しようにも資金的にも厳しいし、子分の面倒も見られない。だから、県連が推薦する二世や三世のほうがコストが安くつくんですよ。

御厨 先ほど第二次オイルショック以降自民党はダメになっていったという指摘がありましたが、その後、中曽根内閣と小泉内閣だけは長期安定政権を保つことができました。塩川さんは中曽根内閣をどう評価されますか?

塩川 中曽根さんの頃までは、自民党がなんとか官僚を動かしていこうという気概がまだありましたね。大平さんにしても福田(赳夫)さんにしても。もちろん、それまでの「三角大福中」の五大派閥は、多かれ少なかれ官僚を支配することはできていた。ところが、竹下さん、宮澤さんとなるに従って、だんだん官僚とやりあう場面が少なくなって、言いなりになっていきましたね。

御厨 中曽根さんの後、「安竹宮」が総理候補と言われました。塩川さんは安倍派にいましたが、竹下さん、宮澤さんではなく、安倍(晋太郎)さんが総理になっていたら自民党の姿は違っていたでしょうか?

塩川 それは変わらなかったでしょうなあ。「安竹」の関係がありましたし、あの頃はなんといっても金丸さんの力が抜きん出て大きかったから。

御厨 金丸さんはどうして力があったのですか?

塩川 それは所謂ボスでしたね。自民党を応援する各種団体のほとんどを金丸さんがおさえていた。建設業界はもちろん、特定郵便局長会にバス協会、トラック協会、日本医師会とか。

その金丸さんの一番の子分が小沢さんだった。いまでも小沢さんはそういう団体と細いながらもパイプを通じている。実は、自民党はいまそこを恐れているんですね。小沢さんが民主党にいることで、そういう団体が自民党から離れて民主党に行きやすい。

御厨 自民党がいまの小沢さんにかつての金丸さんを見ている。つまり、民主党における小沢さんの力の源泉も、新しいものではなく古い自民党型のものだということですね。

塩川 そうです。だから、次の総選挙で仮に民主党が勝ったとしても、すぐにジリ貧になりますよ。時間が経つに従って、国民は「民主党も自民党と同じで、ちっとも新しくないじゃないか」と気づくはずです。

空幕長の論文問題の処理

御厨 民主党もジリ貧ですが、自民党もさっぱりですね。麻生政権の支持率もジワジワ落ちてきており、なかにはすでに三〇パーセントを切った調査結果もあります。いろんな原因がありますが、なかでも航空幕僚長の論文問題は大きかったのではないですか？

塩川 ものすごいダメージを受けましたね。かつての日本軍の横暴というか独断の亡霊が甦ってきたような気がして、私は非常にいやな感じがしました。私は5・15事件のときは小学五年生、2・26事件のときは中学二年生でした。当時、親や学校の先生はみんな「これから軍人が支配するようになる」と、心配していました。日本は騙されて戦争を始めたとか書いていましたが、当時を知る者からすれば、とんでもない話です。

御厨 この問題で麻生総理は対応を浜田防衛大臣に任せ、指導力を発揮しなかった。塩川さんならどうされましたか？

塩川 私だったら、すぐに防衛省内に査問委員会を作れといいますね。昔の軍隊には軍法会議がありましたが、いまはそんなものありませんから。論文には、集団的自衛権に触れた部分もありましたが、あの主張などは私も含めて賛同する人は多い。でも、日本が騙されて戦争を始めたという主張は明らかな間違い。政府は彼をちゃんと査問しないで定年退職という形で辞めさせましたが、いわば臭いものに蓋をしただけ。

御厨 なぜ、きちんと査問するという発想が麻生さんにはなかったのでしょうか？

塩川 防衛省にそういう経験がないし、総理の周りにいる官邸のスタッフも防衛省の幹部も東大法学部出身が多いから。法律に従ったらこうですとか、前例ではこうですと彼らがご注進する。そういう官僚の振り付けに従ったのでしょう。

給付金も官僚の発想

御厨　麻生さんが景気対策の目玉として打ち出した定額給付金の問題でも、所得制限をするかどうかなど、閣僚間の意見が食い違ったり、迷走が続きました。この件はどう見ていますか？

塩川　この給付金問題こそ、東大法学部出身の官僚の発想ですよ。まず最初に二兆円ありきなんです。二兆円で消費拡大をしましょう、ではどうするか。公平平等に配りましょう、公平平等に配れば文句は出ないし、すぐに配れるじゃないかと。そういう発想でポンと打ち出した。でも、そこでまったく議論されなかったのが、なんのために配るかということ。一番大事な目的がすっぽり抜け落ちているんです。景気対策なのか、弱者保護なのかよくわからない。

麻生さんは所得制限を設ける場合の所得額は自治体の裁量で決めればいいと言いましたが、自治体が個人の所得額を把握するのは大変なんだ。でも、住民税だったらすぐわかる。住民税の納税額がいくら以下の人にはこれだけ給付する、というやり方だったら、自治体の手間ひまはずっと少なくなる。

でも、財務省はそういうやり方を絶対に承知しない。なぜなら官僚の考え方は国税中心だからです。財務省と官邸だけで考えるから地方の声が届かないんです。

御厨　しかし、そういう地方の陳情を中央に届けるのが政治家の役割でしょう。なぜ、中央に届かないんですか？

塩川　いまの政治家に届けようという気がな

いんです。官僚の言っていることに逆らうことが、ようできんのじゃないですか。

御厨 では、塩川さんだったら、今回の景気対策で何をやりますか？

塩川 まずこれが問題ですが、給付金は低所得者支給にする。住民税均等割り以下の人に厚くし、十万円以上には支給しない。また、麻生さんは日本経済は全治三年だと言うてますね。だったら、その三年の間に一回だけ、親子間で贈与をする場合は一千万円までは無税にするとかね。いま贈与税は年間百十万円までは無税ですが、それを超えると税金がかかる。高齢者でお金を持っていても使わずに貯金している人はたくさんいます。でも、彼らの子供のほうは使いたくてもお金がない。むしろ、教育費やらなにやらで足りないくらい。そこにお金を回せば、内需は確実に増えて、真の景気対策になります。

官僚は「とんでもない、すでに生前贈与しやすいように法改正しているから、新たにはできません」と言う。でも、いま生前贈与されているのは、ほとんど不動産なんです。これではお金は動かない。現金で一千万円までの贈与が無税となったら、子供はその金で家を修繕しようとか、家族で旅行に行こうとか、お金を使うようになります。

もう一つは、企業の交際費。いまは中小企業の場合、年間四百万円までは非課税ですが、資本金の額に応じて非課税の上限を上げたらいい。大企業の場合でも交際費の損金算入をもっと認めれば、お金は確実に動きます。

御厨 なるほど。しかし、麻生さんは実業家出身のわりに、そういうアイディアがあまりできませんね。

塩川 そうね。彼は苦労してないし、やっぱり現場の切実な声に接していないからじゃないですかね。だから、法律や前例を遵守するという官僚の発想に対抗できない。

御厨 法律を作るのが政治家の本来の仕事な

のに、それを忘れて官僚の言いなりになっているわけですね。

塩川 だから、公務員制度を抜本的に見直す行政改革をやらなければならないんですよ。

小泉改革の反省点

御厨 小泉内閣では、その行政改革も含めて様々な改革を推し進めたわけですが、格差の問題などいまはその影の部分も指摘されています。現在から振り返って何か反省点はありますか？

塩川 一つは急ぎすぎたかなあと。ただ、小泉さんにもう五年総理をやらせていたら日本は本当に変わっていたかもしれません。改革の結果、社会が活性化することである程度の格差が出ることはやむを得ない部分もある。格差是正はセーフティネットを作って行政でカバーするべきだった。小泉さんがあと五年やっていたら、整合性が取れてきたと思うんです。

御厨 小泉さんが事実上の後継指名をした安倍さんに、なぜそれができなかったのでしょうか？

塩川 小泉さんは辞める直前に自分の遺言だと言って、行政改革推進法を成立させました。特別会計の統廃合や政府系金融機関の見直し、国の資産の圧縮など、五項目をあげました。安倍さんはあの五つの改革さえ進めてくれればよかったんです。

御厨 なぜ安倍さんはその改革をしなかったのでしょうか？

塩川 結局、世論が格差拡大を非難し、族議員にストップをかけられた。小泉さんが退いて息を吹き返した族議員の連中が役人と結託して、安倍さんは何も出来なくなった。族議員の復活ですね。ただし安倍さんも良いことをやっています。例えば、国民投票法や教育基本法の改正だけは、反対を押し切ってやりました。

御厨 その後の福田さんはどうでしたか？

塩川　彼は、最初から空気を変えよう、協調路線で行こうとして辛抱強くやりましたね。

御厨　では、麻生さんはどうでしょう。いまからでも小泉さんの五つの改革を進めたほうがいいのですか？

塩川　彼は行政改革よりも景気回復です。いまはまだ、総理大臣になって嬉しくて張り切っているのでしょう。

明確な旗を立てよ

御厨　しかし、もはや喜んでいる段階ではない。来年（二〇〇九年）九月までには総選挙をやらなければならないのですが、閣内は不統一、党はそっぽを向くし、早くも政権末期的症状に陥っています。麻生さんにはなにか起死回生の策があるのでしょうか？

塩川　彼が何か思い切ってやるとしたら、やはり日本の安全保障の問題ではないですか。集団的自衛権の問題をはっきりして、アメリカや中国との関係をどう構築していくか、明確なビジョンを示すことでしょう。

また、景気対策を前面に出して行くと言うのなら、具体的な目標を明示することが大事です。経済成長率は三パーセントを目指すとか。三パーセントという旗をしっかり立てれば、労働分配率や金利問題、海外協力や公共投資はどうするとか、具体的な計画を立てることが出来る。その場合、実質ではなく名目成長率で三パーセントを目指すことが大事です。いま日本のGDPは五百兆円強ありますが、三パーセントで十五兆円。その三分の一は税金で国庫や地方に返ってくる。そうしたら、毎年二千二百億円の社会保障費を削減するというような、ちまちましたことはしなくてもいいんです。

要は、明確な旗を立てること。それだけで、政権のイメージはずいぶん変わると思いますよ。

御厨　小泉さん以後、自民党は政治的なリーダーシップを失って、なおかつ明確なメッセージを国民に発信することができていない。それが現在の自民党の凋落に繋がっている。このリーダーシップはどうやったら復活できるのでしょうか？

塩川　それはやっぱり自民党の代議士がもっと余裕を持っていろんな人と接触したり、自ら情報を集めることでしょうね。例えば、政治家はよく朝食会と称して朝飯食べながら勉強していますが、ほとんどの朝食会は官僚が講師としてやって来て数字の結果ばかり教えている。しかも来るのは課長クラス。在野の知識人とかはあまり呼ばないんですよ。

御厨　自民党が次の選挙の結果で野党に転落した場合、どうなっていくでしょうか？

塩川　そうですね、想像したくないですが、ますますだめになるでしょうね。細川政権で野党になったときはショックでしたが、あのときは野党とはいえ衆議院で第一党でした。今度は、第一党の座を民主党に奪われる可能性がありますから、そうなったらもう優秀な新人候補者はみんな民主党に行ってしまう。自民党はますます世間から叩かれる。そんな連鎖反応すら起きる危険があります。

だから、なんとしても第一党の座は死守しないと、自民党がばらばらになってしまう。

御厨　麻生さんに民主党に勝つ力はありますか？

塩川　麻生と小沢のどちらを選ぶかという勝負になったら、麻生さんだと思っていますよ。それも今は苦しいかもしれないが。しかし、自民党と民主党のどちらを選ぶかとなったら、残念ながらわからない。これまで自民党を応援してきた組織団体もだいぶ民主党に流れるでしょうし。

御厨　選挙後に自民党と民主党の大連立のような動きは出てこないですか？

塩川　可能性があるのは、分裂でしょうね。

かつてのさきがけのような存在が出てきて民主党とくっついたり、逆に民主党の一部が自民党とくっついたり。いっぺんにはくっつかないかもしれないが協力関係を作る。そこから政界再編の動きが出てくる。だからこそ、自民党が第一党になることが大事なんです。

御厨　自民党がここまでダメになっていても、やはり自民党が第一党でいるほうがいいですか？

塩川　いまのところはそうです。たとえ政官癒着という状態であっても、行政的には安定していますから。民主党が政権を獲った場合、何をやるのかわからんという不安が高まり、かなりの混乱が起きると思うんです。

ですから、今後、政界再編が起きるとしても、自民党はもう少し民主党的な考え方を取り入れていき、民主党も自民党的なものに近づいて行くようになればいい。安全保障の問題や税制を含めた経済政策など、国政の基本的な部分で両者に大きな差異がなくなっていけば、健全な二大政党制になっていくと思うんです。自民党と民主党が競うのが政治の活力になってよいのではないでしょうか。

やはり冒頭解散すべきだった

渡邉恒雄
（読売新聞グループ本社
代表取締役会長・主筆）

御厨　麻生内閣の支持率低下が止まりません。渡邉さんのお膝元である読売新聞の調査でも、十一月（二〇〇八年）に入り不支持が支持を逆転しました。政権が発足したばかりなのに、早くも政権末期のような様相を呈しています。麻生内閣はいつまで続くと見ていますか？

渡邉　うんと続くとすれば、まだ一年弱あるよ。というのは、衆議院の任期満了まで選挙をしなかったらということだがね。年内解散の可能性はなくなったけど、もしやっていたらそこで終わっただろうね。予算成立後の来年四月の解散でも危ないですよ。

御厨　麻生さんが解散のタイミングを見誤ったということですか？

渡邉　やっぱり、臨時国会での冒頭解散をやるしかなかったね。たとえ負けていたとしても、自民党が比較第一党になっていれば、大連立か中連立かあるいは小連立になるかわからんが、イニシアチブをとることはできたはず。自民も民主も単独過半数は無理ですからね。

実は、麻生さんが総理になる前に、中川昭一さんから「解散をいつやるべきか」と相談されたんだ。すでに麻生さんが総裁選で勝利することはわかっていた時期で、中川さんは「早期解散を主張しているのは私と麻生くらいで、ほとんどが早期解散に反対している」と言う。僕は「所信表明が終わったらすぐやるべきだ。ここでためらっていたら碌なことがないよ」と言いました。実際、その後は本当に碌なことがない（笑）。

御厨 確かに麻生さんの政権運営を見ていると、すべて裏目に出てしまっている。なぜ麻生さんは、いったんは決心した冒頭解散をやらなかったのでしょうか？

渡邉 自民党が行った選挙区ごとの情勢調査の結果が極めて悪かったからでしょう。例えば、北海道では中川昭一さんと町村信孝さんしか当選せず、武部勤さんなど他の自民党候補は全部落ちてしまう。麻生さんの地元である福岡県でも、麻生さん以外は全部落ちるという予測が出た。山崎拓さんも古賀誠さんも鳩山邦夫さんも全部ダメだと。そんな予想が出ていたから、解散を先延ばしせざるを得なくなったんだ。

そもそも解散とは、明治の昔から野党懲罰のためにやるものだった。解散権を持っているのは総理大臣なんだから、負けるとわかっているのにやるはずがない。もっともこの調査は、誰かの謀略によるニセモノで、与党過半数の勝機はあると、自民党四役の一人が言っていた。

御厨 来年春の解散でも負けるとすると、解散をせずにズルズル任期満了まで行ってしまう可能性もあるということですね。その場合、自民党に勝機はあるのですか？

渡邉 それはまだわからない。でも難しいね。任期満了選挙は三木内閣の一度だけだが、自民党は負けています。

あとは敵失頼みか

御厨 解散しても負ける、しなくても負ける。麻生政権はもはや打つ手なしということですか？

渡邉 だから、いま麻生さんはなるべく解散を先延ばしして、その間に景気対策を行い、民主党の敵失を待つという戦略なんじゃないのかな。

ただ、麻生さんが「日本経済は全治三年」と言った通り、経済の不調はまだまだ続く。うんとよく経済が回復していったとしても、来年にようやく底を打って、再来年から横ばいか少し上昇軌道に乗るという程度でしょう。いずれにしろ、経済が悪い状態で選挙をしなければならない。自民党にとって、いい条件はなにもないね。

御厨 民主党の敵失を待つとはまさに他力本願ですが、敵失の可能性はあるのですか？

渡邉 例えば、小沢さんが代表を退任するとかね。小沢さんの健康不安説が燻《くすぶ》っているなかで、いまも民主党内には小沢退陣説があるんですよ。もしそうなれば、民主党が今度は代表選をやるしかない。分裂含みになるかもしれない。

実際、参議院民主党から渡辺秀央さんと大江康弘さんが飛び出して、無所属議員らと改革クラブを作った。いまは西村真悟さんが加わって五人になり、政党助成金がもらえる政党になりましたね。それ以外にも、僕が聞くところによると、新たに参議院民主党を飛び出そうという動きもある。誰もが知っている議員が僕のところにやって来て、「民主党が嫌になったから離党したい」と言うんだ。すぐに自民党には移れないから、新党を作ると。いま三人集まっていると言っていたけどね。

だいたい、昨年、大連立が失敗したときも、小沢さんがいったんは代表を辞めると言ったのに、周りが必死になって慰留した。あのとき慰留されなければ、小沢さんは五十人くらい引き連れて民主党を出ていたでしょう。そうなると、民主党は万年野党のままだ。だから、菅直人さんや鳩山由紀夫さんは必死に「代表を辞めないでくれ」と懇願したんだ。あのときのしこりは、まだ民主党に残っている。

御厨 つまり、民主党も一枚岩ではないと。

一方、自民党のほうも若手から公然と麻生総理を批判する声が上がるなど、とても麻生さんを支えるという雰囲気ではありません。

渡邉 まあ、中川秀直さんの一派などは完全に干されているしね。彼は「上げ潮の時代」だとかさかんに言っていたが、世界恐慌前夜という現下の情勢を見れば、まったく当たってなかったことになる。年率四パーセントの名目成長が続いて、十八年後にはGDPが一千兆円になるなどという夢物語を語っていたが、誰が考えてもこれはあり得ないことだ。ほかにも、加藤紘一さんや山崎拓さんなどは、麻生政権で何の役職ももらえず不満が高じている。彼らは民主党にパイプがある。

保守合同との共通点

御厨 昭和三十(一九五五)年の自由党と民主党の保守合同のとき、渡邉さんは政治記者としてその成り立ちから取材されていた。当時との共通点はありますか?

渡邉 保守合同の直前、鳩山一郎首相の「天の声解散」を受けて行われた二月の総選挙では、鳩山ブームに乗った民主党が百二十四議席から百八十五議席に躍進した。一方、吉田茂から緒方竹虎に総裁が代わっていた自由党は百八十から百十二議席に激減する。当時、兵庫県では自由党が八つ議席を持っていたのに、生き残ったのは淡路島出身の原健三郎だけ。今回も総選挙をやったら、自民党と民主党の間でそういう劇的な逆転現象が起きる可能性がある。何十年かに一回、そういう大逆転が起きるんだね。

御厨 いままさにそういう大逆転の周期に来ていると?

渡邉 そう思うね。また、五五年の選挙では、自由党と民主党以外に、左派社会党が八十九、右派社会党が六十七で、労働者農民党と共産党を加えれば百六十二あった。彼らがキャスティング・ボートを握ったんだね。

五四年の年末に吉田内閣が総辞職したのを受けて行われた首班指名選挙では、左右社会党が鳩山に投票した。いまでもよく覚えているが、あのとき緒方をはじめ自由党の面々は「社会党が憲法改正を主張していた鳩山に入れるはずがない。緒方に投票するはずだ」と前夜の夜まで言っていた。僕ら新聞記者は、取材の結果、社会党が鳩山に入れるということはわかっていたんだけどね。社会党は鳩山に投票する代わりに、年明けの解散を民主党に約束させていたんだ。いわば、解散予約だ。

その解散総選挙の結果、鳩山民主党はめでたく第一党になったんだけれども、今度はその社会党に裏切られる。首班指名では自由党も鳩山に入れたのですんなり決まったが、議長選挙では自由党と左右社会党が組んで、民主党の三木武吉の議長就任を阻止した。その結果、議長ポストは第二党の自由党、副議長も第四党の右派社会党から選出され、鳩山内閣はまったく議会運営ができなくなった。当時、自由党の国対委員長だったのが佐藤栄作で、国会の常任委員長も自由党が片っ端から取ったしね。

まさに、昨年以降の野党多数の参議院で法案が全部つぶされちゃうようなもので、にっちもさっちもいかなくなった。そこで、鳩山一郎の盟友だった三木が、業を煮やして四月に保守合同を呼びかける。三木は、右派と左派が合流して社会党政権ができることを恐れていたんだね。それで、自由党の大野伴睦と会談を重ね、それぞれの党内の反対論をねじ伏せながら、十一月の保守合同を実現させていった。

御厨　当時の政治家たちは、難局を切り開くために活発に動きました。三木と大野は、それまで長年の政敵と言われ、険悪な関係だったのにもかかわらず、保守合同のために動いた。

渡邉さんから見て、現在あの頃のような活力のある政治家はいますか？

渡邉　いないですねえ。まあ、昨年の大連立を目指していたときの小沢さんにはその活力があったけどね。小沢さんは昨年七月の参議院選で勝ったけれども、衆議院選で民主党が大勝することはできないと考えていた。だから自民党との連立しかないと、僕にははっきり言っていたんだ。保守合同のときは、三木や大野はそれぞれの党をまとめられたけれども、今回はそこまでできなかった。

御厨　いざというときに、力が足りなかったわけですね。

渡邉　そういうことでしょう。これは先ほど述べたキャスティング・ボート政治の問題とも関係するんだけど、保守合同の前年、緒方竹虎は「政局の安定が爛頭《らんとう》の急務である」という声明を出して保守新党結成を訴えていた。その中で、「キャスティング・ボートによる諸修正は多数決政治の信条をあいまいにし、ややもすれば国会の運営を不明朗ならしむるところ、行く行く議院民主制に対する国民的信頼を薄くせんことを恐る」と書き、キャスティング・ボート政治、つまり第三党が政治を動かすことを厳しく批判していた。

二兆円バラマキは世紀の愚策

御厨　その段階では、鳩山の自由党分派と重光葵の改進党が、保守新党結成の条件として「吉田総理の退陣」を要求しましたが、緒方は吉田から退陣の言質を取れなかった。そのため、鳩山と重光は反吉田で一致して民主党を結成したわけです。ところが、その鳩山民主党も相対多数与党だったために、キャスティング・ボート政治に翻弄されてしまった。

渡邉　だから、保守合同はキャスティング・ボート政治を排することが一つの動機だったんだ。

いま話題になっている定額給付金にしても、

あんな二兆円のバラマキなんて、僕は本当に世紀の愚策だと思っているんだけど、元はといえば公明党が定額減税をやれと自民党に要求したのが発端だ。まるで尻尾が胴体を振り回すかのように、自民党が公明党の言いなりになっている。キャスティング・ボート政治の最たるものだ。

御厨 ということは、昨年の大連立の動きの際に、小沢さんにもそうした動機づけがあったのですか?

渡邉 小沢さんは、連立の条件として公明党を切れと言ったんだよ。だけども、福田康夫さんはそれだけは呑めないと答えた。福田さんが僕に電話をかけてきて、「小沢さんを説得してくれ」と。それで小沢さんに言ったら了解してくれた。

まあ、これ以上は差し障りがあるから言えないが、いずれにしろ、あのときもう二、三人の実力政治家が協力してくれていたら、大連立はできたんだよ。そしたら、いまのようなごたごたは何も起きていなくて、経済政策や社会保障の問題、消費税の問題だって、どんどん前に進んでいたはずなんだ。本当に悔やまれるね。

御厨 もう少し大連立騒動の内幕を聞きたいところですが(笑)、次の総選挙で自民党も民主党も過半数が取れなければ、キャスティング・ボート政治は続くことになりますか?

渡邉 自民党は黙っていても百議席は減るだろうから、かりに公明党とあわせて過半数を取れたとしても、衆議院での三分の二条項は使えなくなる。いまよりもっとひどくなるわけだ。

民主党が第一党になった場合でも、単独過半数は難しいだろうから、国民新党や社民党、その他の小グループ、下手をすれば共産党の支持がなければ、首班指名選挙に勝てないかもしれない。すると、やはりキャスティング・ボートを握る政党が出てくる。世界恐慌になるかどうかというときに、選挙後も政局が安定せずに一年も二年も費やすとしたら、日本はもう自滅の道を歩むしかないね。

そのときにもう一度小沢さんか、誰か別の民主党実力者が出てきて、キャスティング・ボート政治はよくないと言い出して、連立か政界再編に向かうのかどうか。そこが日本の将来の分かれ道だ。

小泉さんも大連立を考えていた

御厨 大連立の動きにしても仕掛けは小沢さんだった。自民党のほうからはなぜそういう将来を見据えた動きが出てこないのでしょうか？

渡邉 理由の一つは小選挙区制度の弊害ですよ。一選挙区に候補者が一人だから、自民党内での競争がなくなってしまい、活力がなくなった。昨年の参議院選で大敗したのも、一人区で軒並み民主党に負けたからだ。一人区が二十九あって六勝二十三敗。あのとき、参議院自民党の実力者である青木幹雄さんも事前に「参議院は任期が六年もあるのに、その間自民党の議員は地元の活動を何にもしていない。みんな怠けているから負けるに決まっている」と言っていたが、まさにその通りになった。自民党内の競争がないから、のんべんだらりとやっていたわけだ。

御厨 衆議院の小選挙区にも同じことが言えるわけですね？

渡邉 中選挙区でなくなってから、地盤が固定化されたからね。新たに立候補しようという優秀な官僚なんかはみんな民主党に行ってしまった。優秀な人材がみな民主党に流れていき、自民党は相変わらず古色蒼然としている。市場経済と一緒で、健全な競争の原理が働かないとダメなんですよ。小選挙区というのは実は中選挙区よりぬるま湯で自民党を弱体化させたんだな。

御厨 小泉純一郎さんは当選した総裁選のと

きに「自民党をぶっ壊す」と言いましたが、小泉さんのことはどう評価していますか？

渡邉 僕は小泉さんが天下を獲る四カ月ほど前に彼とサシでメシを食ったんだ。そのとき、僕は「小泉さん、あんた勝ちそうだよ。天下を獲ったら何をやるんだ？」と聞いた。彼は「民主党と大連立をやる」とはっきり言ったんだ。ところが、総理になった後、そんなこと言った覚えがないと言い出して、やり合ったことがある。僕は確かにそう聞いたんだがね。

まともな政治家なら大連立を考えるんだよ。この間、安倍晋三さんがこう言っていた。「いま自民党の政治家は、自分の選挙区に創価学会の票が二万票あるから、公明党と手を組めば単純に二万票増えると思っている。でも、そうすることで実は従来の自民党票の三万票が民主党に流れているんだ」。だから、自民党の中には、公明党との連立をやめたいという実力者もかなりいる。

御厨 では、小泉さんは実際に総理総裁に就任してから、心変わりしたということですか？

渡邉 そういうことでしょうな。あのときは衆参両院で十分な多数があったから、安定政権をエンジョイしようと思ったんだろう。

それに彼には田中派へのすさまじい怨念があった。田中角栄的なるもの、公共事業のバラマキみたいなことへの反感が相当あった。それから郵政大臣をやったときに民営化論をぶちあげて郵政省の役人に無抵抗不服従されたことがあった。とにかくそういうものを全部潰してしまえ、と考えたんだ。

田中角栄へのアンチテーゼという意味で、それはそれでよかったんだが、彼は全体としては大変な間違いをやってしまった。竹内平蔵さんの言うがままに市場原理主義を導入して、どんどんハゲタカ外資を日本に入れた。これもこんにちの自民党の危機の原因の一つだね。

僕は竹中さんから直接聞いたことがあるんだ

が、彼は「日本の四つのメガバンクを二つにしたい」と明言した。僕が「どこを残すんですか?」と聞くと、「東京三菱と三井住友」だと言う。あの頃はまだ東京三菱とUFJは統合してなかったんだが、「みずほとUFJはいらない」というわけだ。どうして三井住友を残すのかというと、当時の西川善文頭取がゴールドマン・サックスから融資を受けて、外資導入の道を開いたからだと言う。「長銀をリップルウッドが乗っ取ったみたいに、あんなものを片っ端から入れるのか」と聞くと、「大丈夫です。今度はシティを連れてきます」と言った。今つぶれかかっているシティを連れてきて、日本のメガバンクを支配させていたらどうなったか、ゾッとする。

結局、日本の銀行はかつての大手二十行が六行になり、そのなかでもメガバンクは三つだけになった。一方で、行き過ぎたハゲタカ支配の矛盾も露になり、村上ファンドやホリエモンのような事件まで起きた。

今回のアメリカ発の金融危機で、そうした市場原理主義が間違いだったことがより明確になったわけだが、小泉・竹中時代の負の遺産はやはり大きい。特に、地方の疲弊だ。アメリカのサブプライムローンにやられて、日本の地方銀行の二十七行が赤字決算だ。もしそのうちのいくつかがパンクした場合、貸し渋りが深刻化し、地方の零細・中小企業はどんどん倒産するよ。

無利子非課税国債を発行せよ

御厨 確かに地方の疲弊は大きな問題ですね。渡邉さんだったらいまどんな経済政策を行えばいいと思いますか?

渡邉 僕は以前から財政制度等審議会でも言っているんだが、無利子非課税国債の発行で相続税を軽減することが最も有効だと思う。この国債を相続しても税金がかからない代わりに利子を付けない。低金利時代でも国債はそこそこ売れているわけだから、無利子非課税国債はきっと売れるでしょう。

いま日本の個人の金融資産は約一千四百兆円あるが、そのうち三十兆円はタンス預金なんだ。また、当座預金や普通預金はだいたい四百五十兆円あって、このうち個人の持っている預金が約百二十兆円。普通預金の利子なんてほとんどゼロに近い。つまり、あわせて百五十兆円もの利子がつかない預金が日本に眠っている。いわば、本当の埋蔵金だ。そのうち三分の一の五十兆円でもこの無利子非課税国債で吸い上げられたら相当の景気対策ができる。利子のつかない国債なら、残高が増えても有害ではない。現在一般会計歳出の中の国債費は、半分が利払いであることが問題なのだ。

御厨 なるほど。少し話を戻しますが、麻生さんがいま政権運営に行き詰っているのも、福田さんと安倍さんが二代続けて政権を放り出した影響が大きいと思います。福田さんと安倍さんをどう評価していますか？

渡邉 安倍さんの場合は病気だったんだから仕方がないでしょう。政局がらみじゃない。ただ、ああいう病気であることを本人が知りながら、総理に就任したことは間違いだった。総理大臣というものは健康が大事なんだ。頻繁に海外に行かなければならないし、長期的に政権を運営していくためには健康じゃなきゃいかん。そういう意味では、小沢さんが総理に適格かどうか疑問符が付くのと同じこと。

福田さんの場合は、本人が嫌だ嫌だというのを無理やり引っ張り出してきたわけだから。あの頃、僕もその引っ張り出しの片棒を担いだ。福田支持の八派連合ができたはいいものの、肝心の福田さんが受けてくれるかどうか、誰が説得するかとか、派閥のボスたちと話し合った。裏はいろいろあるんだが、僕がそのことでなんか言うとまた批判されるから（笑）。

麻生首相の国語力

御厨　すると、小泉さんの後、健康不安がある人を総理にして失敗し、その次は、嫌だ嫌だと固辞する人を引っ張り出して、失敗したわけですね。

その二人と比べれば、麻生さんは健康だし、総理になる気は以前から十分あった。それでもダメですか？

渡邉　彼はやる気満々だね。多少国語の知識が足りないけど（笑）。今回の漢字の読み間違いなんか、なんで起きるんだろうね。僕も不思議に思って、社の編集の連中と話したんだが、彼はまずアメリカに留学していたけど、祖父の吉田茂がアメリカの英語はクィーンズ・イングリッシュじゃないからダメだと言い出して、今度はイギリスに留学した。だから、アメリカとイギリスに行っている間に国語の勉強ができなかったんじゃないかと。

御厨　それはかなり好意的な解釈ですね（笑）。しかし、国語力の問題以外にも、総理就任以降の迷走ぶりは目に余ります。先ほど指摘された定額給付金の問題にしても、所得制限を行うかどうかで、鳩山邦夫総務相と与謝野馨経済財政担当相の意見が対立するなど、閣内不一致もありました。

渡邉　あれは与謝野さんの言ってることのほうが正しいんだ。僕は財政審で、「こんな二兆円のバラマキなんてダメだ。僕はいちおう高額所得者だからこんなものはいらない。社会保障や特養老人ホームとか保育所とか、所得の低い人や弱者保護のために使うべきじゃないか」と言いました。たまたまその翌日に与謝野さんがテレビで「所得制限を設けるべきだ」と発言した。

別に僕となんの打ち合わせもしてないんだが、週刊誌には僕と与謝野さんが示し合わせて麻生政権を倒すために仕掛けたとか書かれてしまう。でも、普通に考えれば、誰だって所得制限をするべきだと言いますよ。

御厨　しかし、その後与謝野さんは軌道修正して、持論を撤回しました。

渡邉　僕は与謝野さんに電話をして「君の言っていることは正しいぞ」と言ったんだが、彼は「内閣不統一をおしてまでやれないので、消費税と社会保障の関係をきちんと国民にわかるように構築する。今後はそのことに全力をあげる」と言っていたね。

御厨　麻生さんは経営者出身で経済には詳しいはずですが、なぜ二兆円のバラマキという愚策に飛びついたんでしょうか？

渡邉　それはよくわからんけどね、僕は元々麻生さんを高く評価していたんだ。まだ小泉さんが郵政解散をする前のことだが、青木さんから「次の総理候補を育てなくてはならないが、誰がいいと思いますか」と言われ、僕は「麻生さんか平沼赳夫さんです」と答えた。平沼さんはまだ自民党にいたからね。そんなことから、青木さんと当時政調会長だった麻生さんとメシを食うことになった。

その頃、竹中さんが作っていた金融再生プログラムのなかに、銀行の中核的自己資本への繰延税金資産の組み入れを従来の五年分から一年分しか認めなくするという条項があった。僕は「この通りにやったら、日本の銀行は自己資本比率が急激に低下してバタバタ潰れていくよ」と、麻生さんに言ったんだ。そしたら、麻生さんが「ちょうど今日これから竹中さんと会うので、つぶしてきます」と言った。麻生さんは実際にその条項に反対し、結果的に骨抜きにした。そのおかげで、あの頃金融大パニックは起きなかったんだ。

御厨　麻生さんは金融には詳しかったんですか？

渡邉　そうだったね。企業の経営をしていたから、ある程度はわかっていたんだろうな。だが、マクロ経済については徹底的に勉強したとは思えないけどね。国語学とマクロ経済学は怠けてたんじゃないか（笑）。彼は『自由と繁栄の弧』という本を書いたが、あれを読んでも、大局観のある経済政策は見えてこなかった。

一度選挙をやるしかない

御厨　麻生さんは十月末の会見で「三年後に消費税の引き上げをお願いしたい」と明言しました。麻生さんは自分の手で消費税引き上げができるのでしょうか？

渡邉　それは選挙後にどんな連立の姿になっているかによるね。麻生さんという人は、時折非常に右よりの発言をするでしょう。あまり右よりが過ぎると、民主党との連立にはむかないんだ。

御厨　民主党が第一党になった場合、小沢さんは総理になりますか？

渡邉　小沢さんは体力的な問題があるからね。岡田克也さんや前原誠司さんとかがもう一度復活するんじゃないか。彼らは政策的にも自民党に近いし、民主党の若い人には財政や金融がわかる人もたくさんいる。

民主党が比較第一党を取れなかったときは、いさぎよく民主党に政権を渡し、そういう人たちにやってもらうしかないね。いずれにしろ、一度選挙をやってみないとね。選挙の前というのは政治家は動けないんだよ。

これからの日本の政治を冷静に見ている心ある人たちはみな、選挙をやらないとどうしようもないと思っている。今度の選挙で負けた人たちは仕方がないからそこであきらめてもらう。勝ち残った人たちで、日本の政治をよくするための政界再編をやってもらうしかない。最初は連立でしょうが、最後には保守合同のようなこともあるかもしれない。

歴史と現代の往還――あとがきにかえて

I

　政治は何をなさねばならぬのか。政治は何をしてはいけないのか。劣化していく政治のありさまを見すえながら、政治の原点を見失うまいと思い続けることが、郵政解散以来この四年の私の課題であった。五五年体制が崩壊し社会党が消滅してこの方、「革新」がなくなれば「保守」にも終焉がくるはずだった。守るべきものが何かを見失ったあげくの小泉純一郎の登場。彼は「改革」を説きつつ、「破壊」を絶叫した。

　そして自民党を「ぶっ壊す」作業は、政治そのものをも「ぶっ壊す」効果を伴った。この四年間の「政治」は、テレビメディアを通して一見茶の間にまでせり出したように見えながら、手でつかもうとすると、するりと逃げ去るバーチャルな影にすぎなかった。「変える」と言いながら変えず、「決める」と言いながら決めず、「守る」と言いながら守らない……。「政治」の劣化が行きつく所まで行きついたのが、この四年であった。

　政権交代が果たして何をもたらすか。これは未だ結果がわからない。民主党の政治は、劣化を止め、政治の再構築にむかうのか、それもまだわからない。ただし政権交代の只中で、『デモクラシー以後』を刊行した世界的に有名なフランスの人口学・人類学者エマニュエル・トッド氏と話す機会を得た私は、トッド氏のヨーロッパやアメリカについての議論を受けとめる中で、早くも民主党政権の陥る隘路に気づかされた。それは長期的トレンドにおける「民主党の自由民主党化」というパラドキシカルな選択肢の発見に他ならない。そこに至るトッド氏との議論についての私のまとめを、先ずは掲げておきたい。

エマニュエル・トッド氏と片山善博氏とで、先日鼎談をした。藤原書店主催である。トッド氏は数々の問題作を発表してきたフランスの人類学者であり、例の「9・11テロ」から一年たった〇二年九月——あのイラク戦争開始前——に公刊した『帝国以後——アメリカ・システムの崩壊』（藤原書店）で、アメリカの問題は唯一の超大国という世評とは異なり、逆に弱さと衰退にあると論じた。そして経済力の衰退とともに、アメリカの軍事行動を自らの覇権を世界に演劇的に誇示するための行動と断言した。トッド氏のこの著書は二八カ国以上で翻訳されて、一躍世界的ベストセラーに。無論、独仏を中心とするイラク戦争反対の理論的支柱となった。

そのトッド氏が昨年刊行した新著『デモクラシー以後——協調的「保護主義」の提唱』（藤原書店）は、またもや世界の耳目を集めようとしている。これまた昨年の金融危機以前の著書なのだ。トッド氏は、あるインタビューの中で「証券パニックは起こりました。ドルの崩壊はまだです」と述べている。新著ではサルコジ大統領の登場を契機とするフランスの格差拡大に焦点があてられる。富裕層の中での格差拡大と中間階層の中での格差拡大により、エリートの衰退と個人のナルシス化とアトム化が進んだとトッド氏は喝破する。その結果、過度な経済格差が〝平等〟というデモクラシーの基礎を揺るがしている。その処方箋として、トッド氏はヨーロッパ圏内での「保護主義」を提唱し、内需の回復によってデモクラシーの危機に対応しようと言うのだ。

著書から受ける印象以上に、トッド氏との直接の議論は実に刺激的かつ示唆的であった。まず日本の政権交代をどう思うかという私の質問に対し、トッド氏は「意外なコトで驚いている」と一言。その理由は、彼の人口動態分析によれば、日本はドイツと同じくらい最も高齢化が進んでおり、一般的には投票行動が保守化するはずなのに、逆の現象が起こった。ヨーロッパならば投票行動は年齢別、職業別に明確に分かれるのに、今回の日本は年齢層も職業も関係なくおしなべてすべてが一挙に変わった。こんなパターンは見たことがないと、トッド氏は繰り返し強調した。

しかし同時にトッド氏は、小泉政権後の一年ごとの三人の首相の交代に言及し、ヨーロッパも日本もエリートの統治への意欲が減退していると述べた。普通統治を担当する政治家は、個人としてどんなに弱くとも単なる〝個人〟に収まらず〝社会〟の体現者となるものだ。しかし今や政治家は集団的信仰を得られず、器量が小さくなってしまった。言い換えれば、リーダーシップを発揮することの意味が喪失し、政治的なレベルでの停滞が起こっている。

トッド氏の指摘は見事だ。日欧ともに政治の衰退が進んでいる。トッド氏は今や集団的社会的目的意識が希薄化してしまったと嘆く。しかし学生たちと一九五九年から七六年までの『朝日ジャーナル』を読み進めた経験から言うと、一九六八〜六九年で集団的社会的目的意識は失われてしまったと私は思う。だからトッド氏の言う政治と社会の衰退は四〇年ほど前から始まっていたのではなかろうか。

トッド氏は、人は常に自由貿易主義はよいと信じたい。アメリカのドルが基軸だと信じたい。だから一番の心配は、一時的な危機が終わると、危機は終わったと信じたいものだから、危機を引き起こす現体制を変えるのではなく強化する方に無意識にまわることだと強調する。これまた至言。民主党政権は平等を目指して改革を始めた。国民の目に今は何でもよく映る。だがある段階で飽きがきて、もうこれでいいやとなった時、友愛の民主党政権自体が、一挙におしなべて変わる国民性を読んで改革を止める可能性は充分にある。中途半端な改革は、知らず知らず前の体制を強化する羽目に陥る。その時、いったんは国民が嫌悪した〝自由民主党的なるもの〟を、野党の政権奪回によってではなく、与党民主党が復活させていく恐れなしとしないのだ。

(『熊本日日新聞』二〇〇九年十月十八日)

II

本書は『「保守」の終わり』(毎日新聞社、二〇〇四年)、『ニヒリズムの宰相　小泉純一郎論』(PHP新書、二〇〇六年)に次いで、現代日本政治を対象とした作品である。一冊目は、時評のみならず書評を通じての時評という広がりに特色をもち、二冊目は、これまでの時評や講演を小泉政権末期の時点で再編成し直し、新たに「講談政治学」として提示したという特色をもつ。

では本書の特色とは何か。それは「序」「終」と「附」を除いた本論はいずれも時系列のまま手を加えずに再録し、「臨床政治学」風な妥当性を問うた点にある。『朝日新聞』『読売新聞』『日本経済新聞』及び『東京新聞』『北海道新聞』『熊本日日新聞』などの各紙や「共同通信」の求めに応じて、また『中央公論』『文藝春秋』『WEDGE』『SIGHT』『潮』『MOKU』『週刊朝日』などの各誌の依頼に応える形で、その時点での政治事象を政治史の文脈の中で位置づけようとした試みである。

私の中で、今起こっているホットな出来事と、政治史の常識とがめまぐるしく交錯し、いつも〝共鳴現象〟をおこす。その場その時で、今の出来事を幅広い政治史の流れの中に投じていくのだが、時に現在が過去の見方に収まらずに、あふれ出てきてしまう。政治史の常識がいつのまにやら非常識と化し、〝過去解釈〟が変容をとげるのだ。現代政治を刹那々々で語ることの面白さは、まさに歴史と現代が、いや政治史と現代政治とが対峙した時に、まきおこすうねりやダイナミクスに出会った際のスリリングな気分を味わうことにあった。

もっとも、その時その時の分析をアーカイブしておくことの重要性、あと知恵で合理的かつ一貫した解釈を施した際に、大量に失われる時々刻々の記憶と真実の意味などについては、わが東大先端研の若き同僚となったイスラム政治思想研究者たる池内恵さんとのとめどもない会話の中から、私の確信となった。

年がら年中、現代政治について意見交換やおしゃべりをしている東大先端研内外の若い仲間たち、牧原出さん、苅部直さん、松原隆一郎さん、飯尾潤さん、竹中治堅さん、菅原琢さんらから得るものは多かった。特に牧原さんとは『朝日新聞』の「政治衆論」のレギュラーとして、松原さんとは『週刊朝日』の「国会通信簿」のレギュラーとして、定期的な対談を充分に楽しませてもらった。

さらに各紙誌で折々の対談、鼎談、座談なども枚挙に遑がなく、これらから得られたアイディア、そして東京はもちろん各地における「講演会」での熱心な聴衆からの反応、加えて、現役の政治記者との談論風発の場たる「等々力会」や「水曜会」における喧喧囂囂の議論、いずれもが本書のどっしりした土台となっている。

特筆すべきは、この三年ほどキャスターを務めているTBS系「時事放談」というテレビ報道番組の存在である。「テレビ元老院」と秘かに名づけたこの番組で、毎週一回、元老及び準元老クラスの政治家、官僚、知識人たちの丁々発止のやりとりから、政治を理解するための無限の糧を得ている。オーラル・ヒストリーの応用篇としても、私には勉強になっている。それはもちろん石塚博久プロデューサーを始めとするスタッフの見事な連携プレーあってのことだが。

III

いつもながら勤め先の東京大学先端科学技術研究センター、及び御厨研究室の仲間たちに負う所は多い。研究室に到着するや誰彼かまわず押しかけてしゃべりまくる私の相手をさせられる被害にあっている筈の、清水唯一朗、黒須卓、高橋洋、手塚洋輔、山本健太郎、佐藤信の名を恭しく掲げておく。

なお同時期に、先述した東大先端研御厨研究室内外の若き研究者を中心にすえた論文集が公刊される。私自身が編者となった『変貌する日本政治』（勁草書房）であり、九〇年代以降の

「変革の時代」を読み解いている。私自身も本書とは異なった観点から「九〇年代とは何か——二つの時間軸と三つのサイクル史観」と題する論文を寄稿している。是非とも併読をお願いしたい。

最後に繁雑な研究室事務をすばらしい手腕で片付けている染谷雅子、布施快、田胡三代子の三人の名を忘れてはなるまい。

ともあれ、本書の作成に直接間接に係わった以上の方々、また折々の文章を精選し編集を進めて下さった藤原書店の方々とりわけ刈屋琢、西泰志の二人に、心からの謝意をささげる。

御厨　貴

二〇〇九年十月二十五日

初出一覧

＊（　）内は原題と初出媒体

序　政治の終わり、政治の始まり　（２００９・政権交代の意味――政治の終わり、政治の始まり／『環』三九号、二〇〇九年一〇月）

Ⅰ　安倍晋三政権――イデオロギーの空転

小泉政権が破壊した政策決定システム　（政策決定システム――将来見据えた思考　期待／『読売新聞』二〇〇六年八月二九日）

イデオロギーへのこだわり　（『美しい国へ　安倍晋三』は実現できるのか／『週刊朝日』二〇〇六年九月一五日）

「若さ」を武器にできるか　（解散・総選挙を直ちに断行せよ／『文藝春秋』二〇〇六年一一月号）

安倍晋三と小沢一郎　（安倍vs小沢――戦略と課題／「共同通信」二〇〇六年一一月配信）

安倍晋三の「保守」とは何か　（戦後保守政治家たちの思想的系譜――吉田路線の勝利から小沢をめぐる争いまで／『中央公論』二〇〇七年二月号）

政治体験なき首相の非力　（リアルな体験ない弱み／『朝日新聞』二〇〇七年七月一日）

イデオロギーへの傾斜と政策決定システムの不在　（イデオロギー勝負　空転／『読売新聞』二〇〇七年七月一一日）

責任をとらない総理大臣　（8・27安倍改造内閣発足　小泉時代から続く政治の破壊／『東京大学新聞』二〇〇七年九月一一日）

出処進退を誤った政権の「集大成」　（税制、社会保障改革　遠のく／『読売新聞』二〇〇七年九月一

三日）

「政治の崩壊」か「政治の再生」か　（政治の崩壊食い止めよ／『日本経済新聞』二〇〇七年九月二〇日）

II　福田康夫政権――末期自民党政治の「小春日和」

「政治再生」への礎　（正論欠く迎合的な国会運営から脱却せよ／『WEDGE』二〇〇八年一月一日号）

「民主党のねじれ」と「大連立」の誘惑　（自民党は大連立により民主党を抱き込んでも大丈夫だと安心していた／『SIGHT』二〇〇八年冬号）

「衆参のねじれ」の真の問題　（対応できぬ政党に問題／『北海道新聞』二〇〇八年四月三〇日）

存在感を失う公明党　（何のためのキャスチングボートなのか／『週刊朝日』二〇〇八年六月六日増大号）

政治家育成システムの崩壊　（小泉改革が〝ぶっ壊した〟強靱な首相／『日経ビジネス　オンライン』二〇〇八年九月四日）

首相になりきれなかった首相　（福田政権とは何だったのか――自民の人材不足露呈／『北海道新聞』二〇〇八年九月七日）

「戦後」という物語からの解放　（政治再生を問う――戦後六〇年の惰性　決別急げ／『日本経済新聞』二〇〇八年九月九日）

III　麻生太郎政権――グッドルーザー

脱「戦後民主主義」のかたち　（麻生・自民vs小沢・民主　内政、外交　明快に語れ／『読売新聞』二〇〇八年九月二三日）

「強い首相」と「機能する国会」（今年の選択――「戦後」乗り越える強い首相を／『朝日新聞』二〇〇九年一月三日）

「二大政党」は可能か（党首代え、政権構想を／『東京新聞』二〇〇九年三月一八日）

「変化」のかたちを創り出せるか（政治リーダーに求められる「構想力」と「発信力」／『潮』二〇〇九年四月号）

自由民主党の終わり方（麻生・中川問題が示す自民党の自然死／『中央公論』二〇〇九年四月号）

小沢一郎の見果てぬ夢（小沢一郎の見果てぬ夢／『熊本日日新聞』二〇〇九年五月一七日）

小沢一郎の二十年（「愚直に」破壊し続ける／「共同通信」二〇〇九年六月配信）

麻生太郎、唯一の決断（解散・総選挙へ――首相の「告知」最後にみせた決断／『朝日新聞』二〇〇九年七月一四日）

責任と出処進退と（ここは一番、負けっぷりよく／『熊本日日新聞』二〇〇九年七月一九日）

求められる「健全野党」（単独か連立か、思案のしどころ／『熊本日日新聞』二〇〇九年八月一六日）

「自民党的なる日本」の崩壊（〝自民党的なる日本〟が崩壊／『日本経済新聞』二〇〇九年九月二日）

終　「壊死」した国家を再生できるか（〝狂〟走る――龍馬・西郷・大久保　それぞれの維新／『月刊MOKU』二〇〇九年二月号）

〔附〕宰相の器を問う（麻生総理の器を問う「危機の自民党」連続インタビュー／『文藝春秋』二〇〇九年一月・新年特別号）

＊小見出しは適宜変更した。

著者紹介

御厨 貴（みくりや・たかし）
1951（昭和26）年東京都生。
東京大学法学部卒。東京都立大学法学部教授，政策研究大学院大学教授を経て，現在，東京大学先端科学技術研究センター教授，放送大学客員教授。日本公共政策学会会長。
著書に『政策の総合と権力――日本政治の戦前と戦後』（東京大学出版会，1996年，サントリー学芸賞）『東京――首都は国家を超えるか』（読売新聞社，1996年）『本に映る時代』（読売新聞社，1997年）『馬場恒吾の面目――危機の時代のリベラリスト』（中央公論新社，1997年，吉野作造賞）『日本の近代3　明治国家の完成』（中央公論新社，2001年）『オーラル・ヒストリー』（中公新書，2002年）『「保守」の終わり』（毎日新聞社，2004年）『ニヒリズムの宰相小泉純一郎論』（PHP新書，2006年）『天皇と政治――近代日本のダイナミズム』（2006年）『明治国家をつくる――首都計画と地方経営』（以上藤原書店，2007年）『表象の戦後人物誌』（千倉書房，2008年）ほか。

政治《せいじ》の終《お》わり，政治《せいじ》の始《はじ》まり
――ポスト小泉《こいずみ》から政権交代《せいけんこうたい》まで――

2009年11月30日　初版第1刷発行©

著　者　御　厨　　貴
発行者　藤　原　良　雄
発行所　株式会社　藤　原　書　店

〒162-0041　東京都新宿区早稲田鶴巻町523番地
電　話　03(5272)0301
FAX　03(5272)0450
振　替　00160-4-17013
印刷・製本　中央精版印刷

落丁本・乱丁本はお取替えいたします
定価はカバーに表示してあります
Printed in Japan
ISBN978-4-89434-716-8

近代日本「政治」における「天皇」の意味

天皇と政治

〈近代日本のダイナミズム〉

御厨 貴

天皇と皇室・皇族の存在を抜きにして、近代日本の政治を語ることはできない。明治国家成立、日露戦争、二・二六事件。占領と戦後政治の完成。今日噴出する歴史問題。天皇の存在を真正面から論じ、近代日本のダイナミズムを描き出す。今日に至る日本近現代史一五〇年を一望し得る、唯一の視角。

四六上製 三一二頁 二八〇〇円
(二〇〇六年九月刊)
◇978-4-89434-536-2

今蘇る、国家の形成を論じた金字塔

明治国家をつくる

〈地方経営と首都計画〉

御厨 貴
解説＝牧原出
解説対談＝藤森照信・御厨貴

「地方経営」と「首都計画」とを焦点とした諸主体の競合のなかで、近代国家の必須要素が生みだされる過程をダイナミックに描いた金字塔。「国家とは何か」が問われる今、改めて世に問う。

A5上製 六九六頁 九五〇〇円
(二〇〇七年一〇月刊)
◇978-4-89434-597-3

日本近代史上の最重要事件

二・二六事件とは何だったのか

〈同時代の視点と現代からの視点〉

藤原書店編集部編
伊藤隆／篠田正浩／保阪正康／御厨貴／渡辺京二／新保祐司 ほか

当時の国内外メディア、同時代人はいかに捉えたのか？ 今日の我々にとって、この事件は何を意味するのか？ 日本国家の核心を顕わにした事件の含意を問う！

四六上製 三一二頁 三〇〇〇円
(二〇〇七年一月刊)
◇978-4-89434-555-3

政党・官僚関係の構造と歴史を初めて読解

政党と官僚の近代

〈日本における立憲統治構造の相克〉

清水唯一朗

なぜ日本の首相は官僚出身なのか？「政党と官僚との対立」という通説を問い直し、明治維新から昭和の政党内閣期に至る時代の両者の密接な関係史のなかに、政党政治の誕生を跡付け、その崩壊をもたらした構造をも見出そうとする野心作！

A5上製 三三六頁 四八〇〇円
(二〇〇七年一月刊)
◇978-4-89434-553-9

1989年11月創立 1990年4月創刊

月刊 機

2009
11
No. 212

発行所 株式会社 藤原書店 ©
〒一六二―〇〇四一 東京都新宿区早稲田鶴巻町五二三
電話 〇三・五二七二・〇三〇一(代)
FAX 〇三・五二七二・〇四五〇
◎本冊子表示の価格は消費税込の価格です。

編集兼発行人 藤原良雄
頒価 100円

「公共」の精神の重要性を説いた幕末の思想家。生誕二百年記念出版!

いま、なぜ横井小楠か
―生誕二百年に想う―

源 了圓

一八六九年、志半ばにして暗殺された幕末の思想家、横井小楠。その実学思想は、政治、経済、教育、外交など多岐にわたり、「公共」の理念を基軸として、新しい国家・社会像を打ち立てた。松平春嶽の要請で、政治顧問として福井藩の藩政改革を手がけた。私塾からは多くの門弟を輩出し、勝海舟、吉田松陰、坂本龍馬ら維新の立役者たちにも多大な影響を与えた。小楠の生誕二百周年を迎え、近代日本の思想的核心を小楠を通して考察する。

編集部

● 一一月号 目次 ●

「公共」の精神の重要性を説いた幕末の思想家
いま、なぜ横井小楠か 源了圓 1

「五五年体制」の完全な崩壊、そして……
二大政党制はまだ始まっていない 御厨貴 6

時雨の全体像を初めて浮き彫る!
「時雨女史には洗練された江戸があった」(晶子) 尾形明子 8

後藤新平晩年のもうひとつの歴史が明らかに!
後藤新平の晩年を支えた女性 河崎充代 12

「その言葉には、ものの生命が掬い上げられているかのよう」
原初の調べ 大倉正之助 14

〈リレー連載〉一海知義の世界14「一海知義と知海義一」(釜谷武志)16 今、なぜ後藤新平か50「伊藤博文からみた後藤新平」(上垣外憲一)18 いま「アジア」を観る82「オバマはなぜ最初にトルコへ行ったか」(内藤正典)21
〈連載〉『ル・モンド』紙から世界を読む80「ブラヴォー!でもそのあとは?」(加藤晴久)20 女性雑誌を読む19『女性改造』(十九)」(尾形明子)22 生きる言葉31「敗兵の眼」(粕谷一希)23 風が吹く21「楡桜――遠藤周作氏」(山崎陽子)24 帰林閑話179「天の配剤」(一海知義)25/10・12月刊案内/読者の声・書評日誌/刊行案内・書店様へ/告知・出版随想

故・花立三郎さんとの友情

藤原書店の社主で、『環』の編集長でもある藤原良雄さんから、横井小楠の生誕二百年に当たる今秋、別冊『環』で横井小楠を出したいという申し出があった。十一月の出版に間に合うことを絶対的条件として、一冊で小楠の全貌が見えるような構成で、歴史的存在としての小楠の輪郭が見えると共に、思想家としての魅力、現代的な意義をもつ人物としての魅力も出るような本にして欲しいという趣旨の難しい注文だった。

　正確な記憶ではないが、それは六月の末のことではなかったかと思う。趣旨には賛成した。しかし少々無理な注文だった。私はさきに故人となられた花立三郎さんと一緒に、私の『横井小楠研究』、花立さんの『熊本実学派の人々』を一緒にして、『横井小楠と熊本実学派の人々』という本を出すことになっていた。それだけでなく、花立さんの小楠の『国是三論』その他小楠の重要な作品の現代語訳、ならびに元田永孚の『還暦之記』の縷《る》刻の訳を藤原書店から出すことになっていた。そうした事情が重なって断る訳にはいかない。しかし執筆をお願いする方々にとっては無理な注文であり、筆者として慎重なタイプの方々のことを考えると危惧の念もあった。しかしこれは少々無理でも引受けるべきだと決心した。

全体の構想

まず全体の構想から考えてみる。

第一部は松浦玲さん、平石直昭さんと私の鼎談にする。

　松浦さんは幕末から明治中期にわたる期間を中心に、日本だけでなく中国も念頭において研究している政治史の専門家であり、小楠については魅力ある評伝を書いておられるが、小楠だけでなく、勝海舟全集の編集もやっておられ、松浦さんの中国への関心は勝海舟への関心に由来する。また幕末・維新期の政治の中では最も魅力に富む坂本龍馬については数冊の著述がある。

　平石さんは、丸山眞男さんの晩年の愛弟子であり、シャープで、しかも小楠とは対蹠的な荻生徂徠の精密な研究者でもある。

　私はと言えば、小楠については「横井小楠の実学」という論文を『哲学研究』（昭和三十年七月）に書いたが、その後は小楠研究から遠ざかって、小楠の本格的な研究に帰ったのは一番遅い。しかし二人の方々のもたない哲学的問題への関心があり、さらに日本文化や社会についての関心もあって、三人の組合わせは非常に面白い。三人の鼎談、ならびにそれぞれが自分の大切と思われるテーマで論文を書いたら、鼎談では話題にならなかった興味深い問題が出てくるかもしれない、と考えた。

また全国小楠研究会のメンバーは年毎に多くなり、この本の骨格をなす論文の執筆者は増加し、またそのレヴェルが向上している現状を見ると、非常にすぐれた問題の展開が見られる可能性がある。私は初め気が重かったのが、だんだん積極的になり、いまは藤原さんの願望が大体達せられたと思っている。

この作業で教えられたこと

私は、「横井小楠における『開国』と『公共』思想の形成」という四百字原稿用紙で二三〇枚の長文を五〇枚にまとめるのが今回の仕事であったが、この要約をやっているうちに、これまで更にもう一歩踏み出すことができなかった、思想史的論文から「公共哲学」へと展開する手がかりが出来たように思う。これは私にとって思いもかけない収穫であった。

平石さんは目下自分のライフワークである徂徠研究をまとめる仕事で忙しいので、小楠について新しく書くことは辞退するということだった。氏には、私がむかし研究社から相良亨さんや松本三之介さんと一緒に『江戸の思想家たち』を編集した時に、横井小楠について書いて貰ったことがあった。氏からその論文が長すぎてかなり割愛した部分があるが、それを今回一つの論文として出来たら採用して欲しいという申し出があった。私はすぐ賛成し、藤原さんも賛同して下さったので、今回載せられることになった。

ゲラ刷りを読むと、大塚退野、細川重賢や堀平太左衛門が宝暦の改革という徂徠流の思いきった改革をやったが、それは藩財政の改革であって、困っている農民を救う改革ではない。まず農民を救う改革をして、農民が豊かになったら、その結果、藩政府もおのずから豊かになる。時間がかかるけれどもそれが本当の藩政改革であると主張して大塚退野は重賢から斥けられた。その時、退野を支持する多くのグループがあった。私はその中の「平野深淵」のグループ、「森省斎」のグループしか知らなかったが、平石さんはそれを基に綿密にいくつかの部分があったことを具体的に明らかにされた。私はこのことによって自分の中でこれまで朦朧としていたことがすっきりしたことを

▲右から源了圓氏、松浦玲氏、平石直昭氏

感謝したい。

誠実かつ平易な論考

今回の編集の骨組みを作っているのは、山崎益吉、沖田行司氏ら以下の数多くの小楠の研究者の業績である。この部分をどなたに書いて戴くかについては、次のような規準をつくった。

横井小楠研究のグループの方から優先的に選ぶけれども、それは絶対的選択条件ではない。既に学問的に意味ある著作、もしくは論文を書いている方であることを基本的選択条件とする。そしてこのような基本的条件を満たして、しかも決められた期限内に書ける方であること、ということが本書のとった選択条件となった。

そうした考えに基づいて一八名の方々が協力して下さった。大部分の方は面識のある方々であるが、福井の方々には存じ上げない方が多くて、私の小楠研究の中で福井は欠落部分だということを反省させられた。

そうしたことで執筆して下さった方はそれぞれのことをそれぞれのスタイルで、ちゃんと期限に間に合うように書いて下さった。校正の段階で一通り拝読したが、誠実に自分の研究を基にしてエッセイ風に書いて下さって、いろいろのことを教えていただいた。その上で今度の本で類書にない特色は、野口宗親さんの小楠の漢詩についての論考であろう。野口さんは東北大文学部の今は亡き志村良治教授の門下生であるが、私は仙台で志村さんから多くの学恩を受けたが、そうしたご縁で思いもかけないところで助けて戴いて感謝に堪えない。

（みなもと・りょうえん／日本思想史）

生誕200年記念出版。「近代日本」を作った男、初の全体像！

別冊『環』⑰　源了圓編　菊大判　248頁　**2940円**

横井小楠 1809〜1869 ——「公共」の先駆者

I　小楠の魅力と現代性

〈鼎談〉**いま、なぜ小楠か**　**平石直昭＋松浦玲＋源了圓**
I 小楠との出会い　II 小楠の思想と政治　司会＝田尻祐一郎

II　小楠思想の形成——肥後時代

小楠の思想的特色——講学・講習・討論による公論形成　源了圓
大塚退野学派の朱子学思想——小楠朱子学との関連で　平石直昭
近世熊本における朱子学の一系譜——大塚退野・平野深淵・小楠　北野雄士
小楠の朱子学理解——「至善」をめざす「中間者」　吉田公平
実学の系譜——藤樹・蕃山・小楠　源了圓
実学党の誕生——時習館をめぐる教育と政治　鎌田浩
小楠の実学理解——長岡監物との比較　堤克彦
小楠の『論語』講義——朋友と学問　田尻祐一郎
小楠の漢詩——折々の「心の声」　野口宗親
小楠と旅——遊学と遊歴の結合　八木清治

III　小楠思想の実践——越前時代

学政一致の思想——「学校問答書」を中心に　沖田行司
由利公正と小楠——「国是三論」と産物会所　本川幹男
小楠の富国論——近代経済学との比較　山﨑益吉
水戸学批判と蕃山講学——誠意の工夫論をめぐって　北野雄士

IV　小楠の世界観——「開国」をめぐって

「開国」と「公共」との思想的関連——『開国図志』を中心に　源了圓
「公共の政」による交易——小楠の政治改革構想　森藤一史
世界的眼孔——松陰と小楠の国際社会認識　桐原健真
大義を四海に——未完の明治維新　石津達也

V　小楠の晩年——幕政改革と明治維新

小楠の「積極的誤認」——福井辞去をめぐる思想と政治　松浦玲
坂本龍馬と小楠——「成行を御覧あるべし」　小美濃清明
佐久間象山と小楠——幕政改革をめぐる理論知と実践知　源了圓
立花壱岐と小楠——最後の会見と「第一等論」　河村哲夫
小楠の「遺表」——海老名弾正所蔵の新史料　徳永洋

VI　小楠以後——その思想は継承されたか？

春嶽・海舟・永孚——『小楠遺稿』をめぐって　松浦玲
徳富蘇峰——小楠研究におけるその功罪　源了圓
安場保和と後藤新平——小楠思想の実践者　源了圓

■附　系図・年譜（作成・水野公寿）・関連人物一覧（作成・堤克彦）

「五五年体制」の完全な崩壊、そして……

二大政党制はまだ始まっていない

御厨 貴

「静かな革命」

安倍晋三で完全に壊れて、福田康夫で無理やりつないだものの、麻生太郎の時代というのは、本当を言えば自民党が政権をとっていること自体が犯罪的な時代だった。今回の総選挙で、あれだけの数で民主党が勝ったというのは、明らかにこの「自民党的なるもの」への全面的拒絶です。営々として続いてきた五五年体制と言われるもの、その生き残りとしての自民党に対してとどめを刺す、投票による「静かな革命」であったと言わざるを得ない。

しかもそれは細川護熙政権のときのような「コップの中の嵐」ではない。民主党は政権交代に向けて、少しずつ「牛の歩み」でこの一〇年やってきた。随分失敗もしましたし、つい数か月前にも小沢一郎が西松建設の問題で代表を辞任したにもかかわらず、それでも政権をとったということで、必然的にこれからは民主党の時代になるだろうと私は思います。

得票数から言えば、また次の選挙で自民党が頑張れば軽くひっくり返せるといった選挙分析や、これで自民党と民主党との二大政党制が始まったのだという見方がありますが、私はその見方をとりません。

そもそも、二大政党制はまだ始まっていない。戦前の二大政党というのは、政友会も民政党も、いずれもそのスタートの時点で一度は政権をとっていますから、そこで二大政党による政権交代が始まるというのはわかります。しかし今回は、野党を一〇年やってきた民主党が政権がとれるかどうかを初めてテストされた結果、政権党になり、政権をとり続けてきて野党経験はほとんど持たない自民党が野党になったという話ですから状況はまったく異なるのです。

民主党政権がしばらく続いた後に、自民党の、あるいは別の新たな政党の政権ができれば、ようやく二大政党の政権交代が起きたと言えますが、そこに至っても、まだ二大政党システムになったとは言えないと思うんですね。だからこれは、二大政党制の成立では決してないし、民主党がちょっと失敗したら自民党が政権をとり返すというような話ではない。

今回の選挙の意味

▲御厨 貴氏（1951- ）

だからこれから後は、この民主党という、一皮むけばこれまたいろんなものを抱えている政権をじっくり見ていかなければいけない。四年はやるだろうと言われていますが、四年やるのは当然で、四年の間にもし好機があれば解散するでしょうし、四年任期満了後に選挙でもいい。民主党が一つの政権党におさまって、次なる政党との二大政党に進んでいくことを前提にするならば、鳩山さんがずっとやるかは別として、民主党政権は、とりあえず四年で終わらないんですよ。

イギリスなどを見てもそうですが、一つの政権は大体六年とか八年とか続きます。それで初めて一つの体制ができて、他方その間に野党はそれを倒す態勢を確立し、新しい政権党を目指す。その時間の長さの中でゆっくり変わっていくのが二大政党制であって、二年三年といった単位で頻繁に政権党が変わっていたら、戦前の日本のようになってしまって、政党のシステム自体が崩壊の危機に立たされます。

恐らく、戦前の政友会と民政党の政権交代を、二大政党による政権交代と言ったこと自体が今になっては間違いだったと私は思います。あれは、まだ二大政党制になっていない。非常に不安定な政党が交代していたというだけの話です。やはり、安定した政党によって交代していかなくてはいけない。つまり、システムにならなければいけないわけです。

今回の選挙は、そういう意味での二大政党制への可能性が開かれたにすぎないのではないかというのが私の見通しです。

（みくりや・たかし／東京大学先端科学技術研究センター教授）

政治の終わり、政治の始まり
ポスト小泉から政権交代まで
御厨 貴
四六上製 二八八頁 二三一〇円

長谷川時雨の全体像を初めて浮き彫る『長谷川時雨作品集』ついに刊行！

「時雨女史には洗練された江戸があった」（晶子）

尾形明子

『女人芸術』の誕生

一九二八（昭和三）年六月二八日午後、東京・内幸町にある大阪ビル地下レインボー・ホールに、各界で活躍中の女性七〇名が招かれた。主催者は長谷川時雨。『女人芸術』創刊の挨拶と協力の要請、それと意見や要望を聞くためだったが、これだけ多くの女性たちを集めた会合は日本で初めてだった。配られた創刊号に、女性たちは歓声をあげた。

白地にブルーがかかった果物の絵の爽やかな表紙は、中堅画家の埴原久和代による。扉画はマリア・ウーデンの「平和」。時雨の妹で画家の長谷川春子のカットは力強くみずみずしい。巻頭に、山川菊榮「フェミニズムの検討」神近市子「婦人と無産政党」望月百合子「婦人解放の道」の三本の評論を並べ、〈感想・随筆〉に、岡田八千代、生田花世、若山喜志子、太田菊子、〈歌〉に、岡本かの子、柳原燁子、今井邦子、〈詩〉に深尾須磨子、〈創作〉欄には、ささきふさ、平林たい子、真杉静枝、長谷川時雨、松村みね子と、大家・中堅作家が並ぶ。巻頭口絵はモスクワでの中條百合子、湯浅芳子、秋田雨雀らの近影だった。

資金は円本ブームで多額の印税を手にした夫の三上於菟吉による。十二歳年下の於菟吉を菊池寛と並ぶ人気作家にしたのは時雨だった。時代の寵児となり、家を外に遊びまわる於菟吉の、時雨への感謝と贖罪の気持だったのだろう。二万円とも三万円ともいわれている。

編集後記に、時雨は「初夏のあした、ぼつぱいと潮がおしあげてくるやうに、おさへきれない若々しい力をためさうとしてゐる同性のうめきをきくと、なみだぐましい湧躍を感じないではゐられない。あたしもその潮にをどりこみ、波の起伏に動きたいと祈る」と書く。

四十九歳の時雨は、あらたな一歩を踏み出そうとしていた。創刊の喜びを素直に綴りながら、自分が歩んできた「女であるがため」の、重く理不尽な日々を思い浮かべる。それらの日々こそが、時雨に七冊の〈美人伝〉を書かせ、『女人芸術』から『輝ク』に続く一三年間も雑誌を主宰させ、さらに「輝ク部隊」結成へと駆り立てていった原動力だった。

七月七日夕方からは、明治外苑の日本青年館で「音楽・舞踊・映画の会」が、『女人芸術』創刊記念として開かれた。三宅やす子が発刊について熱弁をふるい、佐藤美子が「カルメン」を歌う。深尾須磨子のフルート演奏、山本安英のゲーテ「ファウスト」からの朗読。与謝野晶子、

▲長谷川時雨（1879-1941）

平塚らいてう等々の祝辞と、数百人の女性たちが夜の更けるのも忘れて『女人芸術』創刊を祝った。わずか一三二ページの、発行部数も五〇〇〇部に満たない創刊号だったが、ジャーナリズムに、文壇に、『女人芸術』は華やかに登場し、人々の注目を集め、新たな女性の時代を予感させた。「新人女性作家・評論家の発掘育成」と「全女性の連携」を掲げて、全女性のための〈場〉が、『青鞜』から一三年を経てようやくに誕生した。

あまりにも多彩な仕事

江戸が東京に変って間もない一八七九（明治十二）年一〇月一日、時雨は、日本橋通油町に生れる。父は日本で最初の代言人（弁護士）、母は御家人の娘だった。寺子屋風の小学校に通い、読み書き算盤を学ぶが、放課後は裁縫、二絃琴、生け花と下町娘の教養を身につけて過ごした。女が生意気になっては嫁入りに差支えるからと本を読むことを禁じられ、十四歳で池田家の江戸屋敷に行儀見習いに出される。胸を病んで退出し、佐佐木信綱の竹柏園に入門、和歌や古典を学ぶ。十八歳で政略結婚さながらに近所の鉄成金の次男のもとに嫁がされる。

近代の女性作家のイメージからはるかに遠い〈女としての生〉を強いられた日々を、時雨は「薄ずみいろ」、遺稿『渡り切らぬ橋』につぶさに書き込んでいる。同時に生れて育った、江戸の香り濃い日本橋界隈と時代の波に押し流されていく人々を描いた『旧聞日本橋』や『東京開港』のなんと魅力的なことか。

時雨の仕事を連ねるなら、明治末から大正はじめまで、女性で最初の歌舞伎作者として「さくら吹雪」「江島生島」「丁

子みだれ」等々、今も上演される脚本を書き、同時に尾上菊五郎、中村吉右衛門らと「舞踊研究会」「狂言座」を設立、坪内逍遥、森鷗外、夏目漱石、佐佐木信綱を顧問にして、歌舞伎改良運動に取り組んだ。さらに女性史の嚆矢ともいうべき女性評伝、『日本美人伝』『臙脂伝』『美人伝』『情熱の女』『名婦伝』『近代美人伝』『春帯記』の七冊の〈美人伝〉を残している。時代に切り込んだ評論やエッセイ、戯曲、小説等々、あまりに多くて、その全体像はつかみきれていない。

私が長谷川時雨を知ったのは大学院に通う頃だったから、すでに四〇年になる。その間、私の関心は『女人芸術』（一九二八―三二）や『輝ク』（一九三三―四一）にあったが、健在だった『女人芸術』の方々を訪ねて、聞き取りを続け、次第に浮びあがってくる長谷川時雨像の大きさに圧倒された。

佐多稲子は「ほんとうに大きな人。あんな人はもう誰もいません」と呟き、アナーキストの望月百合子は「宇宙のような人」と言った。円地文子は、「男の作家たちは、地縁・血縁・学閥によってしっかり結ばれていましたからね。女の作家に期待するのは生け花のねじめ、剣山を隠す下草ね。少しでもそこから出ようとすると切られてしまう。『女人芸術』があってはじめて私たちは、自由にのびることが出来たんですよ」と語った。

時雨よりひとつ年上の**与謝野晶子は、「時雨女史には洗練されたる江戸があつた。つまり破壊されざる江戸が女史の性格の中にあつたのである。女史の語る時、女史の作を読む時に、その濃厚にして淡白な江戸の気流が、目前に浮動する。その楽しさを私は忘れる事が出来なかつた」**（『長谷川時雨全集』第二巻月報）と書いている。大阪・堺の人であり、濃厚な上方の伝統の中にいた晶子だからこそ、同時代を生きた時雨を包む江戸を、誰よりも感じ取っていたのだろう。

戦後文学史から消された存在

「いい騎手のために駿馬たらん」と方針を定めた時雨は、『女人芸術』を左傾するにまかせた。林芙美子「放浪記」をはじめ、円地（上田）文子、尾崎翠、矢田津世子、大田洋子、佐多（窪川）稲子と、多くの女性作家を輩出しながらも、三回の発禁処分と世界恐慌のあおりをうけて負債がかさみ、一九三二（昭和七）年六月、五巻六号をもって廃刊となった。あまりの左傾ぶりに於菟吉が赤字の補填をためらうようになり、時雨は病床にあった。

その年の一一月、時雨の全快祝いがひ

らかれ、各界から集った女性たちが、もう一度『女人芸術』をと口々に言い、時雨もそれに応えて翌年一月「輝ク会」が結成され、四ページのリーフレット『輝ク』が、機関紙として四月から発刊された。一九三三年の「三三」を「燦々と輝く太陽」ととらえ、さらに「元始女性は太陽であった」を重ねての命名だった。カタカナの「ク」としたのは「く」は曲っているからと時雨が決めた。

『輝ク』は一九三七（昭和十二）年七月の日中戦争勃発を挟んで大きく変る。前半のインターナショナルな雰囲気が一変し、銃後の態勢に入っていく。国家から強いられてというより、戦線にいる兵士や留守家族、あるいは遺族たちに対する時雨の思いだった。一九三九年には知識女性の銃後運動ともいうべき「輝ク部隊」が発足する。戦地慰問、慰問袋募集、三冊の慰問文集等々、「輝ク部隊」は、さまざまに活躍する。評議員一一二名には、外遊中の野上弥生子、病床にあった与謝野晶子をのぞいて、作家、歌人、詩人等の大半の名前が記されている。脳溢血に倒れ、右半身不随となった三上於菟吉を介護しながら、時雨は銃後運動に挺身する。そして、そのことが、戦後の文学史から時雨を消すことになる。時雨について言及することは、戦時下の自分自身の言動を表に出すことだった。

『女人芸術』創刊号

一九四一年初めから一カ月間、海南島を始め戦地を慰問し、帰国後は女流文学者会の設立に奔走する。おびただしい仕事に忙殺されるなかで八月半ばに発病し、一〇日後の二二日未明、白血球顆粒細胞減少症により死去した。

吉川英治は、芝の青松寺での葬儀に、友人を代表して弔辞を読んだ。

「明治に一葉あり昭和に時雨ありと後の文学史は明記しましょう。脚本に小説に、随筆に、女史の文化に寄与された多くのうちに『近代美人伝』の一著がありますが、いまおもうに、時雨さんその人こそこの書の巻頭にも描かれてよいおかたでした」。式場には於菟吉の号泣が響いたという。

（おがた・あきこ／近代日本文学研究家）

＊十一月二十一日～二〇一〇年一月十一日まで県立神奈川近代文学館で「長谷川時雨展」開催

◎生誕一三〇年記念出版
長谷川時雨作品集
口絵八頁
尾形明子編・解説
四六上製布クロス装　特製貼函入　五四四頁　七一四〇円

後藤新平晩年のもうひとつの歴史が、いま初めて明らかに！

後藤新平の晩年を支えた女性

河﨑充代

後藤新平再評価の気運

二〇〇四年十一月の日曜の午後、表参道から帰宅する途中のことでした。原宿駅の改札口を通った途端、私の目に飛び込んできたものがありました。一瞬、名状しがたい驚きが走り抜けました。それは、等身大ほどの後藤新平の写真を使ったポスターでした。藤原書店主催の東大安田講堂での「後藤新平シンポジウム」の案内です。

ほとんど誰も気に止めず、そのポスターの前を足早やに通り過ぎて行きます。が、私にとっては、いつもの見慣れた顔で、祖母の家のお仏壇の脇にもありました。またわが家にも、大きな肖像画や大理石の上に焼き付けられた立ち姿の写真として飾られ、昔から馴染んできたものです。

近年、後藤新平がクローズアップされてきているようです。今の時代が求める何かを、百年前に先取りした人物として再評価されてきているのでしょうか。こうした潮流の中で、私にはある想いが浮上します。

それは後藤の晩年の伴侶であった河﨑きみ（一八九六―一九七二）の存在です。私が物心つき始めてからの私の祖母きみの姿は、今もありありと目に焼きついています。優しく穏やかで、万事慎しみ深いたたずまい。しかしながら、揺るぎない芯を奥に秘めた人となり。楚々として凛、と申せましょうか。だが、きみは自らの過去を語ることの極めて少ない人でした。

祖母きみの生涯を辿る

祖母を慕う私は、彼女の影響を大きく受けています。幼少期から青春期にかけ、祖母は私の心をさり気なく育みました。だが、祖母の人生についてはほとんど何も知らないことに、私は改めて気付きました。

私の父は河﨑武蔵です。新平ときみとの間には、まず夭折した三郎がおり、つ

え、口を開け、今にも打たんとする絵から想像される祝祭における祈祷祈願を唱えつつ、打ち鳴らした鼓であるとか……。それらのように何か呪術性をもった道具としての役割が原初の姿であったのだろうと思います。そしてそのような源流に思いを馳せながらこの大鼓に向き合っていると、日本の地で培ってきた精神文化が脈々と宿る道具であると思うのです。

（略）

人間は「生かされている」存在

私が出会った先住民はアイヌ、アボリジニ、アメリカ・インディアンです。特にアメリカ・インディアンとは、共に旅し音楽交流する中で、我々日本人が古来培ってきた自然崇拝や山岳信仰的な生活文化が残っていることに驚きました。あの文明を享受した大国アメリカ、その奥深く広大な大地の真っただ中で、断食行や火の行、水の行などの荒行を今尚行っている現実は感興を呼び起こします。

　同じ様に、石牟礼道子さんの文章表現には、言葉の持つ原初的響き、力が漲っていて、その言葉には、ものの生命が掬い上げられているかのようです。先住民の叡智、その系譜を元とする日本文化精神の得手は、能楽、茶の湯や華道、又例えば包丁式等に表される、その物の生命に真摯に向き合い、それが最も美しく煌めく瞬間を美に昇華させて表現することです。触れる者に美的感動を通して、その生命の実在と価値を知らしめることで、人間が生かされている存在だと伝えてくれます。そのことが、自然界のもの言わずとも意思持つ者達を納得させ、互いの鎮魂に繋がるのでしょう。

　自然界と人が調和を保てれば、自然は本来、四季の移り変わりも鮮やかに、規則正しく五日に一度風が吹き、十日に一度雨が降ると伝え聞いたのを思い出します。正に石牟礼道子さんの表現は、森羅万象、自然界の刻々と変化する様相を光風の如く表され、触れる者の魂を目覚めさせてくれます。

（おおくら・しょうのすけ／大鼓奏者）

（構成・編集部）

石牟礼道子詩文コレクション
５ 音
解説＝大倉正之助
【第４回配本】Ｂ６変上製　二三二頁　二三一〇円

リレー連載　一海知義の世界 14

「一海知義」と「知海義一」

釜谷武志

中国語の四発音

　陶淵明の作品は、同時代にあってはあまり評価されずにいた。真価が認められるのは、唐代を経てさらに宋代に入ってからであるといわれる。たしかに宋代になると、陶淵明をほかの比較的名の知れた詩人と並べて論じることが少なくない。たとえば北宋の秦観は「韓愈論」で、「陶潜・阮籍の詩は沖澹に長ず」と、そのおだやかで淡泊な詩風において共通する、魏を代表する詩人のひとりである阮籍と併称している。

　ここで、淵明よりも百年以上前に生きた阮籍を先に言わずに、「陶潜・阮籍」と時代と反対の順序になっているのはなぜか。陶淵明の方が阮籍よりも高く評価されていたからであろうか。その可能性もなくはないが、おそらくは、このように並べて発音した方が語呂がいいからであろう。

　漢字は抑揚等の違いによって、平声・上声・去声・入声の四種類に分類される。発音そのものは時代と場所によって異なるが、この四大分類は基本的にかたく守られている。そして複数の字が並ぶ際、とくに優劣関係がない場合は、この順序に並ぶことが多い。陶も潜も平声であり、阮は上声に、籍は入声に属する。「陶潜・阮籍」だと「平平上入」の順であるが、入れ替えると「上入平平」になってしまう。単純に並列しても構わない場合、平上去入の順にした方が、そうでない順よりも、心地よく響くようだ。

心地いい発音の並び

　同様のことは現代中国語においてもいえる。一九九〇年前後、中国の大学生が国の指示にしたがって就職していたころ、「新西蘭」「天南海北」といったことばが飛びかっていた。新西蘭はニュージーランドのことであるが、じつは大学生が敬遠する三つの辺地、新疆ウイグル自治区、西蔵（チベット）、蘭州の頭文字をとったものである。では後者は何か。表面上は天の南、海の北であるが、天は天津、南は南京、海は上海、北は北京をさしてい

▲1969年頃の一海氏

て、言わずと知れた沿海の大都市で、いずれも卒業後に勤務したい憧れの地である。天と海、南と北といった対になる字をたくみに組み合わせて、天の南、海の北という意味あり気な四字にまとめているが、なぜ北京・上海という大都市が後に来ているのか。「天南海北」の四文字は、ちょうど普通話（北京語）の第一声・第二声・第三声・第三声の順になっていて、どうやら中国人にとってこの順に並ぶのが美的感覚をくすぐるらしい。ちなみに「天南海北」は、先ほどの四大分類でいうと「平平上入」になる。

ところで一海先生のお名前は知義で、フルネームの漢字四文字が属する声調を順に記すと、入声・上声・平声・去声であって、なんと四種類のすべてがそろっている。これらを中国人にとって語呂のいい、平声・上声・去声・入声の順に並べ替えると「知海義一」になる。ジーハイイーイー、うーん、本来のイーハイジーイーよりも、気のせいか心地よく聞こえてくるではないか。いっそ一海先生に姓ごと名前を替えてもらってはどうか。いやいや、知海義一では、先生の号である「平解」が使えなくなってしまう。やはり、先生には本来の「一海知義」がふさわしいという結論に落ち着くのである。

（構成・編集部）

（かまたに・たけし／神戸大学教授）

一海知義 著作集（全11巻・別巻一）

1 陶淵明を読む
［月報］雑喉潤／安井三吉／釜谷武志／野原康宏
題字・榊莫山　八八二〇円

1 陶淵明を読む
2 陶淵明を語る
3 陸游と語る
4 人間河上肇
5 漢詩人河上肇
6 文人河上肇（来月刊）
7 漢詩の世界Ⅰ——漢詩入門／漢詩雑纂
8 漢詩の世界Ⅱ——六朝以前～中唐
9 漢詩の世界Ⅲ——中唐～現代／日本／ベトナム
10 漢字の話
11 漢語散策
別巻 一海知義と語る
［附］自撰年譜・全著作目録・総索引

＊白抜き数字は既刊
■内容見本呈
各巻末に著者自跋・各巻月報付
四六上製布クロス装　各五〇〇～六八八頁
隔月配本　各六八二五～八八二〇円

リレー連載 今、なぜ後藤新平か 50

伊藤博文からみた後藤新平

大手前大学教授 上垣外憲一

後藤が関わった二つの重要事件

私が後藤新平について調べる必要に迫られたのは『暗殺・伊藤博文』を書いたときに、伊藤の伝記にとって重要な二つの事件に、後藤新平が関わっていたからである。一つはもちろんハルビン駅頭における伊藤の暗殺事件である。なぜなら、『後藤新平伝』の伝えるところでは、伊藤のハルビン行きは、そもそも厳島における後藤と伊藤の会談、いわゆる厳島夜話において後藤の企画として持ち出されたものであったからだ。

もう一つは、後藤新平が台湾の民政長官をしていた明治三十三年に起きたいわゆる厦門事件で、後藤新平は、この時期に福建省に渡っており、児玉と同腹だったと考えられることである。厦門事件は、いわゆる義和団事変に際して、厦門の本願寺が中国人暴徒によって焼き討ちに遭い、これに応じて台湾総督児玉源太郎が台湾から軍を派遣して厦門を占領したという事件である。

実際は、中国人暴徒とは日本人が変装したものであり、隣のアメリカ領事館から丸見えであったので、ただちにアメリカから厳重な抗議が来て、時の総理大臣山県有朋以下、政府首脳は台湾軍の引き上げを命令するが児玉がこれに応じず、といった場面があったのである。

この時、台湾へ行って、児玉以下を説得したのが、水戸出身だが伊藤博文に引き立てられた外交官の室田義文であり、その室田は伊藤博文がハルビンで暗殺された時の主席随行員であった（当時室田は貴族院議員）。私はこれは単なる偶然と考えないのである。

厳島での会談の冒頭、伊藤博文は後藤に対してほとんど敵意を持っているような態度であったと、『後藤新平伝』は伝える。それは、厦門事件の時、後藤が児玉とともにこの「暴発」に荷担していたという記憶が大いに働いていたというのが、私の推測である。

後藤と伊藤の対米戦略の相違

もちろん、伊藤の後藤に対する懸念は、

過去のことだけではない。伊藤は、満鉄の経営をアメリカと共同で行うという考え方を支持していたと思われる。なぜなら、伊藤は日露戦争終結においてアメリカのセオドア・ルーズベルト大統領が仲介に動いてくれたことに対して、アメリカに対して報いなければ、将来の対米関係を悪くすると考えており、アメリカとの満州での提携は、当然の路線であったからである。

満洲問題協議会で議長をつとめた伊藤博文が、会議の冒頭で、満洲の門戸開放を要求するイギリス大使の手紙を披露した。これは日本が独占的に満洲の経営を行おうとすることを英米がきわめて不快に思い、脅威に感じていることを示したもので、軍部が行おうとしていた満洲の独占的支配の要である軍政署の廃止を求め、これを実現したのである。その日本が独占する形の満鉄の総裁となった後藤新平に対して、伊藤がこいつは排米主義者だと不愉快に思っていたのは当然で、それが厳島会談での冒頭の後藤に対するケンモホロロな態度に現れているのだ。『後藤新平伝』に載せる後藤の回想では、後藤が世界は旧大陸と新大陸の対立の上に成り立っており、日本はヨーロッパとともに旧大陸に属し、アメリカは新大陸の代表である、それゆえアメリカよりも旧大陸のロシアと組むのが日本の進路だと説いて、伊藤を納得させたことになっている。後藤は、自分が伊藤を説伏したと誇っているが、伊藤はそうは思っていなかったと私は思う。なぜなら、室田と後藤は交友があったとはいえ、後藤の、アメリカと対立した「旧悪」（厦門事件）をもっともよく知る室田義文を、主席随員に選んでいるからである。

（かみがいと・けんいち）

▲伊藤博文（1841-1909）

Le Monde

■連載・『ル・モンド』紙から世界を読む　80

ブラヴォー！　でもそのあとは？

加藤晴久

「はじめて、きわめて明快に、国際社会は気候変動に対するたたかいの資金調達の問題を交渉のテーブルに載せた。この上もなく明確であるというメリットを示したのは日本の鳩山由紀夫首相である。同氏は、南の諸国が温暖化に対応する、あるいはたたかうのを支援するために『新規の、実質的な、追加的な、官民の資金供給』をおこなう新しいメカニズムを構築することを提案した。」

「このメカニズムは途上国の温室効果ガス排出削減が生み出す炭素クレジットを基盤にすることになる。『途上国による削減の国際的な認識を可能にするルール』をつくることがその条件となる。またこのシステムは炭素クレジットを生み出す諸計画についての情報を集積する任務をもつ国連気候変動条約事務局をもつことになる。」

「さらに、鳩山首相は『知的所有権の尊重を確保しつつ、低炭素な技術の移転を促進するための枠組み』を作ることを提案した。短時間の一般演説という制約のなかで可能なかぎり明確に日本の総理大臣が描いて見せた構想は気候問題の交渉にいちだんと弾みをつけることになるだろう。温室効果ガス排出を［二〇二〇年までに一九九〇年比二五％］削減するという力強い公約をおこなって範を示しただけになおさらである。」

鳩山首相の国連演説についての『ル・モンド』（九・二四付）の記事の一部を訳出した。しばらく前から、この新聞は環境問題を重視していて、四ページ目をLa Planète「地球」面とし、毎日、世界の環境問題についての記事や分析を掲載している。だから当然、と言えるかも知れないが、それにしても、日本の首相の国際舞台での発言が『ル・モンド』で賛辞とともに大きく取り上げられたことは、いまだかつてなかったように思う。

でも、これから、総理大臣の意を体して、米欧や新興国・途上国と渡り合いながら、日本の国際公約の実現のために八面六臂の活躍をしてくれるような剛胆かつ凄腕の頼もしい外交官がこの国にいるのかどうか。心許ない思いを禁じえない。

（かとう・はるひさ／東京大学名誉教授）

リレー連載　いま「アジア」を観る　82

オバマはなぜ最初にトルコへ行ったか

内藤正典

オバマ大統領は、最初の訪問国にトルコを選んだ。ブッシュ政権の中東・イスラーム政策による多大の負の遺産を背負ったオバマ政権は、イラクからの米軍撤退を明らかにしたが、9・11に直結して始めたアフガニスタンでの軍事行動だけは継続している。

オバマはトルコの知恵を借りようとした。日本では知られていないが、トルコはアフガニスタン、パキスタンの両国と仲が良い。アフガニスタンの安定には、背後のパキスタンから繰り出してくるイスラーム武装勢力を抑えることが必要だから、二つの国を説得できるトルコの存在は、オバマ政権にとって重要である。

トルコはNATO加盟国であり、アフガニスタンの治安維持にあたるISAF（国際治安支援部隊）に兵員を八〇〇人ほど派遣している。だが、犠牲者は一人もでていない。トルコ軍は、米軍が主導する「不朽の自由」作戦への参加は拒否しているから、純粋に治安維持の任務しかしない。装甲車で街を走りまわる際にトルコ軍は銃座を置かない。兵士たちが市中のパトロールをするときも、銃口は下に向け、サングラスの着用も禁止されている。相手の眼が見えないというのは、住民に不安を与えるからである。いま、アフガニスタン復興のために、各国は、文民による復興支援をその国の軍が警護するPRT（地域復興チーム）として派遣している。トルコも北部のクンドゥズ州で学校建設などしているが、襲撃されていない。同じムスリムだから襲わないのではない。タリバンはいくらでもムスリム住民を攻撃している。

欧米諸国の人は、軍人だろうと文民だろうと、どうしても異文化に対する押し付けがましさが表にでる。特に相手がムスリムの場合、見下すか、啓蒙しようという態度が出るから嫌われる。そういう人間に武器を持たせると暴力に躊躇しない。自爆テロ犯が、なぜトルコ軍を襲撃しないか。オバマが、その理由に気づいたかどうか。今後の対アフガニスタン政策のなかに、答えが出てくるだろう。

（ないとう・まさのり／一橋大学大学院教授）

連載　女性雑誌を読む　19

『女性改造』(十九)

尾形明子

『女性改造』の最終号の「農村婦人の生活」には、前回紹介した「泥の中の悲鳴」とともに、一〇本のレポートが掲載される。「女教師の見たる農村」は、未明に桑摘み、日中は子守や水田の草取り、夜は給桑の手伝いに追われ、ノートも鉛筆もなく、昼食も満足に食べられない農村の子どもたちの実情を伝え、海や山に暑中休暇を楽しむ子どもたちと対比する。

「田畑千円馬二百円」では、収穫した米の内七割を地租以外は何の負担もない地主に納め、肥料、馬等の一切は自分持ちという小作人の情況を伝える。農繁期には五、六歳の幼児が、赤ん坊の守をすることもあって、子供の死亡率は都会に比べてはるかに多い。

「夫は海妻は畑」では、養蚕は有望と役場に言われ、田植えと平行して養蚕に励み、子どもの手まで借りて毛虫取りに明け暮れるが、不眠不休の報酬は、結局桑代で終ってしまった話を伝える。「嫌いなものは」と問われて「毛虫」と答える都会の子どもに違和感を持つという言葉にはっとする。

同じ号には大橋房子が「美女の秘訣」と題して、パリで人気の化粧を紹介している。まさしく社会のギャップが一冊の雑誌に凝縮された感がある。

島本久恵「失明」が、短篇小説集の第三回入選作となる。視力を失った若い僧が、霊験あらたかといわれる山寺にこもり修行する日々を描いている。選評に島崎藤村が「読むものの心を酔わせる」多望なる作家と絶賛し島本のデビュー作となるが、農村レポートを読んだ後では、達者だとは思うものの、なにも心に残らない。

農村問題ひとつをとっても、男女間の問題を超えた時代の暗闇が果てしなく広がり、もはや女性云々と言っている時代ではない、と経営者側が休刊を決定したのかもしれない。大震災の痛手もまだ響いていたのであろう。

管見では『女性改造』終刊を惜しむ声を見つけることができなかった。『改造』ではすでに九月号から中條(宮本)百合子の長編小説「伸子」の第一回「聴きわけられぬ跫音《あしおと》」の連載が始まっていた。改造社から円本ブームが巻き起こるのは、その後間もなくして、である。

(おがた・あきこ/近代日本文学研究家)

■連載・生きる言葉　31

敗兵の眼

粕谷一希

> 目指す朝焼の空には、あれほど様々の角度から、レイテの敗兵の末期《まつご》の眼に眺められた、中央山脈の死火山の群が、駱駝の瘤のような輪郭を描いていた。
>
> （大岡昇平『野火』岩波文庫、一九八八年五月、四九頁）

戦後文学の傑作をあげる場合、大岡昇平の『野火』を第一にあげるのは定説になっている。このことは今日でも変らない。敗戦で逃げまどう敗兵としての日本兵の姿をじつに適切に描き出した作者の腕前を超える者はない。

大岡昇平の文学は視覚的文学であり地理的文学であり、その独特な鋭い感覚は広く明治以来の文学の中でも他にない。

　この孤独な逃避行は野火という現象に、戦争と神と偶然を見据える微妙で独特の世界だが、不思議に思索的な深味を与えている。無残な逃避行という極限状況が生み出した稀な体験記だが、体験を基に小説として描き上げた作者の腕前に敬服する他はない。もっとも、作者はこの極限状況に叩きこまれる前、日本で平常な市民生活を送っていたのであり、中年になってからの応召であったとはいえ、まだ体力的に余力を残していたのだろう。戦争体験が病死になるような老兵でなかったことが幸いだったといえるかもしれない。大岡昇平は戦後を描いた『武蔵野夫人』や『花影』があり、これも絶品だがまた『堺港攘夷始末』のような歴史物もある。しかし、最終的に、『レイテ戦記』という克明なノンフィクションに還ったことは、敗兵としての記憶が大岡昇平にとって原点ともいえる位置を占めていたのであろう。

　戦前の大岡昇平は周囲に小林秀雄や河上徹太郎、富永太郎など、豊かな文学的交遊に恵まれていたが、それが却って抑圧となり、翻訳などに逃避していたが、フィリピンでの経験で一挙に才能が開花した面白い事例といってよい。

（かすや・かずき／評論家）

連載　風が吹く　21

楡桜
——遠藤周作氏——

山崎陽子

十数年前、遠藤さんが「誰も知らない死後の世界だから、先に死んだ者が報告しにくることにしよう」と提案され賛同者もいたが、臆病な私は「怖いからやめましょう」と即座に拒否した。他界された後、この一言を、どれだけ後悔したことか。遠藤さんの快癒を祈った楡桜に向かって、私は何度も叫んだ。「遠藤さんなら怖くありません。いつでもどうぞ」と。

「うちの楡桜の下で祈ると願いが叶う」と言ったら、遠藤さんは、真顔で「キミの木の下で祈ってくれないか」と仰った楡桜だ。ご逝去の翌朝、楡桜は、風も無いのに大きく揺れた。「来て下さったのですね」声に出して呼びかけたらどっと涙が溢れた。「きっと主人は行ったのよ。陽子チャンを妹みたいに思っていたんですもの」奥様のひとことは嬉しく胸の奥底にまで広がり、私は、そう信じたい……信じようと思った。

遠藤さんにお会いして数年後、子どもミュージカルが芸術祭で受賞したが、新聞を見て真っ先に電話を下さったのは遠藤さんだった。

「おめでとう。今頃お祝いですか？」「いいえ、家族は誰も知りませんので」。絶句された遠藤さんに、私は大家族の長男の嫁であり、結婚前から書いていたのではないから、書くことは後ろめたく真夜中か明け方にしか書かないことを話した。

翌日、遠藤さんは、たまたま近くのC荘で会合があり、一寸だけ来られないかと電話を下さった。駆けつけると、庭を見下ろせる窓辺で、遠藤さんは、庭に目を向けたまま仰った。「書きたいときに書けないから、心に積もった思いは一気に文字になる。素晴らしい環境です。とにかく書き続けること。決してやめてはいけない。」

私が、どんなに辛い状況の中でも書き続けられたのは、遠藤さんのこの一言が、いつも心にあったからである。

今ふいに気づいた。遠藤さんが亡くなられた時刻、無人の庭園で「おーい」と呼ぶ遠藤さんの声を聞いたことは前に書いたが、遠藤さんが見下ろしていたのは、まさにこの庭園のその場所であったのだ。

（やまざき・ようこ／童話作家）

連載　帰林閑話　179

天の配剤

一海知義

私　久しぶりだな。元気かい。

友人A　まあな。でも、われわれ夫婦も年でね。妻に認知症の徴候が出はじめてるんだ。

私　ふーん。それで、どんな？

A　まだ初期のマダラぼけ症状でね。たいしたことはないんだが。でも映画俳優の名前を思い出せないような、普通の物忘れとは違うんだな。

私　たとえば。

A　同じ物をいくつも買い込んだり、見舞い状を同じ人に二度出したりね。

私　その程度なら、ぼくらだってやってるよ。

A　このあいだ娘が来て言うんだ。「最近のお母さん、人前でよくおならをするよ。気づいてる？　もともと潔癖な人だから、そんなことしなかったんだけど」。「へーえ、年だからね」というと、「お父さん、耳が遠くなってるからね。聞こえなくて、幸せだよ」と娘。

私　A君、木山捷平の「妻」という詩、知ってるかい。こういうんだ。

　団子や芋を食ふので
　妻はよく屁をひるなり。
　少しは遠慮もするならん
　それでも出るならん。
　しかしぼくはつくづく
　離縁がしたく思ふなり。

A　それは井伏鱒二の作品じゃなかったかな。

私　いや、木山の詩だ。日本敗戦のあと、食糧難の時代の詩だ。

A　むかし中国に、「三去」とか「七去」といって、妻を離縁できる三つの条件、七つの条件を数えた言葉があったな。

私　そうだ。よく知ってるね。ひどい話だけど、そこでも「放屁」は、離縁の条件には入ってないよ。それにしても、最近君の耳が遠くなってよく聞こえないのは、天の配剤というものだな。

（いっかい・ともよし／神戸大学名誉教授）

一〇月新刊

管理された医療システムから自己をどう解き放つか。

環 学芸総合誌・季刊 【歴史・環境・文明】 Vol.39 '09 秋号

〈インタビュー〉「2009・政権交代の意味」御厨貴

〈対談〉「沖縄の内発的発展を考える」 清成忠男＋松島泰勝

【特集】「医」とは何か

〈座談会〉鎌田實（医師）＋仁志天映（食養家）＋三砂ちづる（疫学者）＋山田真（医師）

「自己責任としての健康」 I・イリイチ

新谷尚紀／大津秀一／大井玄／方波見康雄／井伊雅子／立岩真也／鈴木一策／波平恵美子／高史明

〈小特集〉新疆ウイグル問題 加々美光行／宮脇淳子

〈小特集〉追悼 杉原四郎 附 略年譜・主要著作

一海知義／内田弘／戒田郁夫／逆井孝仁／重田晃一／杉原薫／住谷一彦／高橋哲雄／角山榮／的場昭弘／水田洋／山田鋭夫ほか

「山百合忌――鶴見和子さんと語る会」

〈寄稿〉「松本重治とC・A・ビーアド」開米潤

〈講演〉「イスラーム世界の宗教改革現象」白須英子

〈書評・書物の時空〉〈対談〉平川祐弘＋粕谷一希

粕谷一希／谷川竜一／宮瀧交二／大沢文夫／高橋英夫／針生一郎／安丸良夫

〈連載〉小倉和夫／橋爪紳也／合田一道／石牟礼道子／能澤壽彦

菊大判 三九二頁 三三六〇円

人口と家族から見た「日本」。

歴史人口学研究 新しい近世日本像

速水融

口絵八頁

「近世―近代日本」の歴史に新たな光を当てた、碩学の集大成！ 同時代の史料として世界的にも希有な、〝人類の文化遺産〟たる宗門改帳・人別改帳を中心とする、ミクロ史料、マクロ史料を縦横に駆使し、日本の多様性と日本近代化の基層を鮮やかに描き出す！

A5上製 六〇八頁 九二四〇円

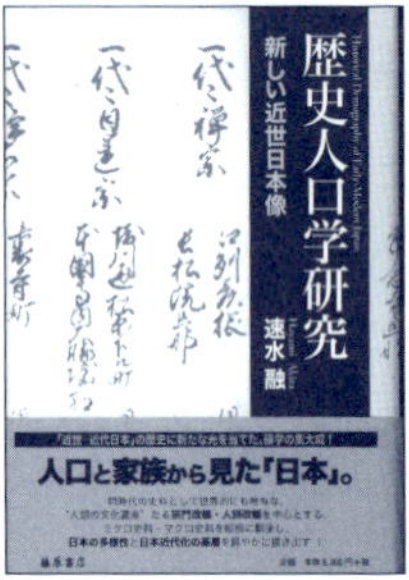

〝人に出会う〟とは何か？

「出会う」ということ

竹内敏晴

社会的な・日常的な・表面的な付き合いよりもっと深いところで、「なま」で「じか」な〝あなた〟と出会いたい――。自分のからだの中で本当に動いているものを見つめながら相手の存在を受け止めようとする「出会いのレッスン」の場から見えてくるものとは。〝あなた〟に出会うためのバイエル。

B6変上製 二三二頁 二三一〇円

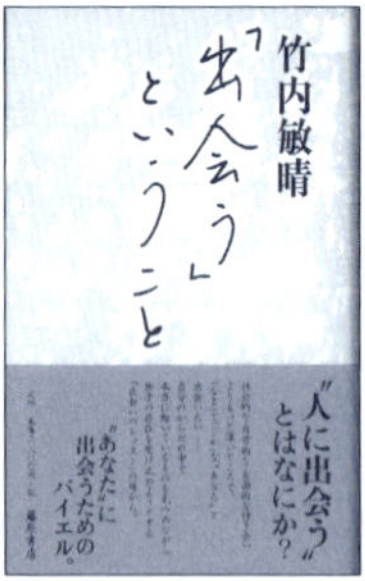

歴史的転換の核心を捉える。

1968年の世界史

バディウ、ウォーラーステイン、パス、西川長夫、板垣雄三 ほか

世界規模での転換期とされる「1968年」とは如何なるものであったのか？ 第一級の識者による論考を揃え、世界の「現在」の原点となった、その「転換」の核心を探る。

四六上製 三三六頁 三三六〇円

一人ひとりから始める。

「自治」をつくる

教育再生／脱官僚依存／地方分権

片山善博・塩川正十郎／粕谷一希・増田寛也・御厨貴・養老孟司

「自治」とは一人ひとりが、自分の生活を左右する判断を引き受けて、責任をもってそこに参加すること。そのために、今なにが求められているのか？ 気鋭の論者による徹底討論。

四六上製 二四〇頁 二一〇〇円

読者の声

「アメリカ覇権」という信仰■

▼今回の総選挙で供給サイドの支援回復からの成長を招き続ける自民党が惨敗したのは、二十一世紀のパラダイムシフトに対応出来ないことを証明した。佐伯氏が説くケインズの思想への今までの誤解を解くと共に、いま時代が求める新しい社会のカタチを示唆して新鮮であった。（東京　**田中征一**　71歳）

ある凡人の告白■

▼書名が示す如く、凡人をモットーとしてきた政治家の証言録。自分を飾ることなく自分の信念を淡々とユーモア溢れる語り口で示しており、他の政治家の類書に見られるような驕りや自慢の類はそこには一切無く、最後の一頁まで非常に面白く読み進むことが出来た。政権選択の今、論点を整理するうえでも必読の一冊と考える。（東京　会社員　**長畑尚之**　45歳）

▼国会議員としての実績をあらためて再認識いたしました。同じ大阪人として彼の話術を誇りに思います。なかでも一五二頁特別会計のことについて「母屋ではおかゆを食べて節約しておるのに、離れではすき焼き食っておる」は、名文句です。また、関空の生みの親として彼の先見性を高く評価したいと思います。今後も、日本のためにがんばってもらいたいと思います。（大阪　**橋本太郎**）

▼政治家の話としては、率直にいろいろな事を語っていると思う。自民党も塩川さんがあと二～三〇人いれば、また違った展開も出てきたのではないか。今の自民党の状況は、期待という言葉が、むなしくなるほどの惨状であると思う。（埼玉　会社員　**出浦潤一**　52歳）

清朝とは何か■

▼私の処女作『月を曳く船方』（成文堂）は清末の文化人による、西洋見聞を扱いましたが、本書を通読し、清朝への理解が立体的になりました。お薦めしたい一冊です。（東京　著述研究業　**阪本英樹**　51歳）

後藤新平と日露関係史■

▼ロシア側からの政治経済分析がめずらしかった。（千葉　団体職員　**斉藤正**　63歳）

科学から空想へ■

▼ハウツーものなど雑駁な書物が巷間に氾濫する昨今、良書の発行一すじに努力されておられる貴社におかれましては、私にとりましては宝そのものと敬意を表します。

特に今回は、私が学生時代十八～二十歳代に大関心をもちました空想的社会主義者の三人の方ロバート・オウエン、プルードンの中でもっともひかれましたシャルル・フーリエについて、貴重な本『科学から空想へ——よみがえるフーリエ』を上梓戴きまして、御礼申し上げます。

「財産は憑盗による『プリポリエテ・セル・ボール？』」記憶がうすれておりますので、間違いであるかも知れませんが、現在七〇頁までしかすすんでおりませんし、難解のため一日二～三頁しかすすめませんが、本年中には一回全部了読いたします。

今回のフーリエに関する書物、本当に有難うございました。貴社の益々の御繁栄をお祈り申し上げます。（東京　**久保田榮造**）

〈増補新版〉強毒性新型インフルエンザの脅威■

▼新型インフルエンザについて色々と考えさせられることが多かった。（静岡　**長谷川英輝**　63歳）

「バロン・サツマ」と呼ばれた男■

▼薩摩治郎八氏の名は前々から存知上げていたが、パリの一時代を築いたその時代に贅沢をした薩摩藩のお殿様の末裔と思っていた。こんなにもフランスに深くかかわり、文化面、政治面、スポーツ面にわたっているとは、此の本を読んで深く理解が出来た。又その時代に渡仏し、画を学びに行かれた人々は日本はおろか世界的にも有名な画家に成長し、大芸術家となっている。名を知っている人々との繋がりがこんなことも関連してたのか、こんな高名なフランス人との交流もあったのかと驚くばかりである。ともすると放蕩面ばかりが際だってしまうきらいがある。国の力のないときの大使館的な役割までも担っていた。戦争の中での国家の行末まで見極めていたのかもしれないし、自らの財を投じて様々な人々の面倒を見ていた限りでは破格だったといえよう。戦前でなければこのような人物は輩出しなかったのではないだろうか。経済的には世界の先進国に入った我国、それに類する人物はどんどん減少してゆくような気がする。結論的には読みごたえある書物である。

（千葉　会社役員　**相川敏**　57歳）

▼かつて『芸術新潮』一九九八年一二月号の特集〈薩摩治郎八のせしぼん人生〉を読み、沢山の読書量の中でもかなり深く魅せられていた人物でした。新聞の読書欄で発見した時は、すぐ本屋に走りました。よくぞここまで調べたと、この大作に敬意を表します。すごい読みごたえでした。

（千葉　歌人　**土岐恭子**　74歳）

尹東柱《ユンドンジュ》評伝■

▼少年の時のように、故岸本重陳さんと、尹東柱とは、何かと口角泡をとばしたかった。「間島パルチザンの歌」が初めてよくわかりました。

（兵庫　**安治川敏明**　72歳）

マルクスの亡霊たち■

▼「デリダ唯一の本格的マルクス論」（帯の文句）にひかれて購入したが、まさか亡霊と悪魔ばらいの観点から、マルクスを論じるとは思ってもみなかった。しかも、デリダとしてはわかり易い展開だったので、最後まで興味深く読んだ。

（神奈川　自由業　**山口正夫**　56歳）

日本を襲ったスペイン・インフルエンザ■

▼県立図書館から借りて読んでいましたが、自分一人が借りている回数、時間が多いために、購入しました。スペイン風邪に関する情報をこれ程までに集められた著者に感心します。

（鹿児島　医師　**三谷惟章**　63歳）

ゾラ・セレクション②パリの胃袋■

▼貴社のゾラ・コレクションもこれが三冊目になります。イラストが入っているので、大変楽しみに読ませていただいています。

（京都　飲食業　**南野浩一**　48歳）

『機』二〇〇九年七・八月号■

▼店頭でいただく本書は、いつも楽しみにしているもののひとつである。「読者の声」をふくむ全体としてその内容の質の濃さ、それに各記事の、多くて二頁、あるいは一頁で了とする簡潔さも気にいっている。花田清輝・さちゅりこん、竹内好・国民文学論、武井昭夫・戦争責任論などをはじめとする、歴史的かつポレミックな論争集の刊行を期待したい。美術に関する針生一郎の一巻本？　なども考えてみたい……。

（香川　団体役員　**西尾一**　73歳）

※みなさまのご感想・お便りをお待ちしています。お気軽に小社「読者の声」係まで、お送り下さい。掲載の方には粗品を進呈いたします。

書評日誌（九・三～一〇・二一）

書 書評　紹 紹介　記 関連記事
T 紹介、インタビュー

九・三　紹 週刊ダイヤモンド「天皇と政治」（「Book Reviews」／「与野党逆転の新しい政治状況を九〇年代の証言から読み解く」／御厨貴）

九・一三　書 信濃毎日新聞『アメリカ覇権』という信仰」（「新刊」）

九・一五　書 エコノミスト「デモクラシー以後」（「Book Review」／「民主主義を破壊する仏社会のグローバル化に大胆な処方箋」／五十嵐武士）

九・二〇　書 毎日新聞「デモクラシー以後」（「今週の本棚」／「今度は仏国に警鐘『民主制の危機』」／松原隆一郎）

書 読売新聞『アメリカ覇権』という信仰」（「本よみうり堂」／「自由貿易超える道とは」／岩間陽子）

九・二二　書 聖教新聞『アメリカ覇権』という信仰」（「読書」／「ドル暴落の危機に日本の進むべき道は」）

九・二六　紹 週刊東洋経済「デモクラシー以後」（「経済・政治・ビジネス書ベスト五〇」／「政治書ベスト一〇」／推薦人・田中秀夫）

紹 キリスト新聞「変わるイスラーム」（「wide kirishin」／「イスラーム世界で宗教改革現象が起こっている」／「翻訳家・白須英子氏」／「頻発するテロ事件は〝文明の衝突〟ではない」）

九・二七　紹 京都新聞『アメリカ覇権』という信仰」（「読書」）

九・三〇　紹 朝日新聞「日本を襲ったスペイン・インフルエンザ」（「明治・大正の記事・広告データベース」／「スペイン風邪拡大　刻々と」／『死者四五万人』大被害から学べ」／「速水融・慶應大教授に聞く」／福井仁）

九月号　紹 楽しいわが家『バロン・サツマ』と呼ばれた男」（「てがみ随想」／「日本人が君の仕事を認めるのは遠い先のことだ――薩摩治郎八に贈られた外交官の忠告」／村尾清一）

紹 CREA「わたしの名は紅」（「News from Turkey」／「二〇一〇年は『トルコにおける日本年』！」／「トルコ文学を読んでイスタンブールへ」）

紹 月刊リベラルタイム「デモクラシー以後」（「LT-PLAZA Information」／「参議院会館内『五車堂書房』」／「国会議員・政治関係者の『売れ筋本』」／幡場益・五車堂書房店長）

書 ふらんす「科学から空想へ」（「要約不可能な『作家』フーリエを解く」／國枝孝弘）

書 週刊東洋経済『アメリカ覇権』という信仰」（「Review」）

一〇・四　書 毎日新聞「後藤新平と日露関係史」（「資料から探る希代の政治家の外交政策」／森谷正規）

一〇・六　紹 毎日新聞「後藤新平と日露関係史」（「第二一回アジア・太平洋賞」）

一〇・一三　紹 朝日新聞「帝国以後」（「大学」／『帝国以後』著者青学大で討論会」）

一〇・一五　紹 日本とユーラシア「後藤新平と日露関係史」（「後藤新平とロシア」／「後藤外交の戦略を追究」／木村英亮）

一〇・二一　紹 日本経済新聞（夕刊）「帝国以後」「デモクラシー以後」（「歴史的転換点に立つ日本」／「政権交代は新時代の象徴」／小林省太）

一二月新刊

＊タイトルは仮題

世界的評価を高めた一作、待望の邦訳

白い城

ノーベル賞受賞後邦訳第一作

オルハン・パムク

宮下志朗・宮下遼訳

十七世紀、オスマン帝国で奴隷となったヴェネツィア人と、その主のトルコ人学者。外見の酷似した二人の奇妙な共存関係のゆらぎがもたらす、「自己」をめぐる問いの探究の中に、「東」と「西」のせめぎあう最前線を見事に描きだした、パムクの世界的出世作。

白洲正子との、濃密な交流の核心

花供養

多田富雄＋白洲正子

笠井賢一編

稀有の友情がにじみ出る二人の書簡・随筆・対談と、白洲没後十年を機に多田が書下ろし、高い評価を得た新作能「花供養」の作者と演出家の緊張感溢れる制作プロセス、そしてそこに関わった出演者の寄稿を通して、二人の出会いと共鳴の核心にあった「能」の深奥に迫る。

中国民主化への獄中からの叫び！

希望は民衆にあり（仮）

天安門事件から「08憲章」へ

劉　暁　波《リュウ・シャオボ》

跋・子安宣邦

劉燕子（リュウ・イェンズ）編

中国の民主化を訴えた、昨年一二月の「08憲章」の起草者にして、生存者として天安門事件の重圧を背負い続ける世界が刮目する詩人、劉暁波。中国民主化への獄中からの叫び！

〝マイノリティ〟でなく〝ミックス〟

だから、イスタンブールはおもしろい

多民族都市の実感的考察

澁澤幸子

ギリシア、クルド、アルメニア、ユダヤ、チェルケス、タタール……多民族国家トルコの中でもとりわけ多様なイスタンブールを、著者自身の体験を織りまぜながら鮮やかに描き出す。

「知」をめぐる今日的危機を問う！

21世紀の知識人

フランス、東アジア、そして世界

石崎晴己・立花英裕・星埜守之・澤田直＝編

人類の普遍的価値のために行動する「知識人」は、いまなお存在し得るのか？　メディアの多様化と学問の細分化が進み、「歴史の終焉」が語られる中で、専門分野を超えた普遍的知の可能性を真正面から問う。

11月の新刊

タイトルは仮題、定価は予価。

別冊『環』⑰
横井小楠 1809-1869 ＊
「公共」の先駆者　源了圓編
源了圓／平石直昭／松浦玲／田尻祐一郎他
菊大判　二四八頁　二九四〇円

長谷川時雨作品集 ＊
尾形明子編・解説
四六上製特装貼函入　五四四頁　七一四〇円　口絵八頁

政治の終わり、政治の始まり ＊
ポスト小泉から政権交代まで
御厨貴
四六上製　二八八頁　二三一〇円

石牟礼道子　詩文コレクション（全7巻）
5 音 ＊ ［第4回配本］ 大倉正之助＝解説
B6変上製　二三二頁　二三一〇円

一海知義著作集（全11巻・別巻1）
1 陶淵明を読む ＊ ［第10回配本］
四六上製布クロス装　六八八頁　八八二〇円

12月刊

無償の愛 ＊
後藤新平、晩年の伴侶きみ
河﨑充代

白い城 ＊
オルハン・パムク
宮下志朗・宮下遼訳

花供養 ＊
多田富雄＋白洲正子　笠井賢一編

希望は民衆にあり（仮） ＊
天安門事件から「08憲章」へ
劉暁波（リュウ・シャオボ）
跋・子安宣邦　劉燕子編

だから、イスタンブールはおもしろい ＊
多民族都市の実感的考察
澁澤幸子

21世紀の知識人 ＊
フランス、東アジア、そして世界
石崎晴己・立花英裕・星埜守之・澤田直編

好評既刊書

「出会う」ということ ＊
竹内敏晴
B6変上製　二三二頁　二三一〇円

学芸総合誌・季刊
『環　歴史・環境・文明』㊴ 09・秋号 ＊
〈特集・「医」とは何か〉
鎌田實・山田真・三砂ちづる・大井玄ほか
〈小特集〉新疆ウイグル問題
〈小特集〉追悼　杉原四郎
菊大判　三九二頁　三三六〇円

「自治」をつくる ＊
教育再生／脱官僚依存／地方分権
片山善博・塩川正十郎・粕谷一希・増田寛也・御厨貴・養老孟司
四六上製　二四〇頁　二一〇〇円

歴史人口学研究 ＊
新しい近世日本像
速水融
A5上製　六〇八頁　九二四〇円　口絵八頁

1968年の世界史 ＊
A・バディウ、I・ウォーラーステイン、O・パス、西川長夫、板垣雄三 ほか
四六上製　三三六頁　三三六〇円

リチャード・ローティ 1931-2007
リベラル・アイロニストの思想
大賀祐樹
四六上製　三六〇頁　三九九〇円

一海知義著作集（全11巻・別巻1）
11 漢語散策 ［第9回配本］
四六上製布クロス装　五八四頁　八八二〇円

石牟礼道子　詩文コレクション（全7巻）
1 猫　町田康＝解説
2 花　河瀬直美＝解説
3 渚　吉増剛造＝解説
7 母　米良美一＝解説
B6変上製　二二〇頁平均　各二三一〇円

＊の商品は今号に紹介記事を掲載しております。併せてご覧戴ければ幸いです。

書店様へ

▼朝晩の冷え込みも厳しくなり、一雨ごとにだんだんと冬に近づいています。空気が乾いてきてますので、インフルエンザにもご注意を。もちろん一家に一冊の必携書**『強毒性新型インフルエンザの脅威〈増補新版〉』**もこの時期必読！　大きなご展開を。▼先月刊**『歴史人口学研究』**の速水融氏が今年の文化勲章を受章！　『日本を襲ったスペイン・インフルエンザ』ももちろんお忘れなく！　▼**ノーベル文学賞作家O・パムクの待望の新刊**は、『ニューヨーク・タイムズ』紙で「東方に輝く星現れり」と大きく扱われ、パムクの国内外、特に国外での評価を動かぬものとした一作。好評既刊四点と合わせパムク・フェアをぜひ！　メインの外国文学の棚はもちろん、東西のせめぎ合いを描く文明論として人文・社会の棚でも充分展開に耐える作家です。▼**E・トッド再来日関連パブリシティ**、『日経』や『朝日』など、既に各紙誌掲載が始まっておりますが、年内いっぱいまだまだ続きます。引き続きの大きなご展開お願いいたします。（営業部）

『森崎和江コレクション』完結記念

いま、なぜ森崎和江か

講演　**森崎和江**
対談　**森崎和江**　**姜尚中**
朗読　金明姫（金剛山歌劇団）

【場所】プレスセンター（東京・内幸町）10階ABCホール
【日時】二〇〇九年十一月十六日（月）
　一八時開場　一八時半開演
【料金】二千円（全席自由）
＊お問い合せ・お申込みは小社担当まで。

上映と講演のつどい

石牟礼道子原作　映像作品
しゅうりりえんえん
映像出演**石牟礼道子**　講演**最首悟**（評論家）
【場所】なかのZERO視聴覚ホール（東京・中野）
【日時】二〇〇九年十一月十九日（木）
　一八時半開場　一九時開演
【料金】千円（全席自由）
＊お問い合せ・お申込みは小社担当まで。

＊『機』二〇〇九年一〇月号の六頁、九頁で、仁志天映先生のお肩書きが間違っていました。お詫びして訂正いたします。
（誤）食育家　↓　（正）食養家

出版随想

▼エマニュエル・トッド、歴史学者であり人類学者であり人口学者。彼の大きな予想は、的確だ。ソ連の崩壊もその十五年前、弱冠二十五歳で断定した。『最後の転落』昨年のアメリカの金融破綻も六年前に言及していた。『帝国以後』

そのトッド氏が六年ぶりに来日した。約十日あまりの滞在ではあったが、箱根や奈良の休日はあったものの、新聞・雑誌の取材や経済同友会での講演、大学でのシンポジウムや対談、小社企画の対談や鼎談などのスケジュールを精力的にこなされた。これらは、来春、小社からまとめて一書にして公刊の予定だ。

▼預言者でもない彼が見えているものとは何だろう。最近の『日経ビジネス』の巻頭インタヴューで、「昨年のリーマンショックによって証券パニックは現実に起きたが、ドルの崩壊はこれからです」「世界が米国という存在に幻想を抱いている」「経済力の裏づけのないドルは雲散霧消する」「自由貿易の名の下、世界の労働者の賃金は単なるコストと見なされ、企業はコストが低い新興国へ生産拠点を移し、賃金は下がり、世界中の需要は縮小する負の連鎖に陥った。この世界の需要不足を補うために調整役を担ったのが、米国の過剰消費だった。米国は大量の国債を発行して借金を増やし、日本や中国をはじめ世界各国がこの枠組みを支えてきた。」と極めて明快に、このアメリカを中心とする世界を支えてきたのは、「幻想」であることを強調する。戦後六十年余続いてきたこの「幻想」は、もはや幻想以外の何ものでもないことを彼はその著作の中でクリアーに説き続けている。

▼ところが厄介なのは、この「幻想」からどう脱却できるかだ。我々の身の廻りでも、既存の権力や常識を前提にして考え行動する。だからこの「幻想」から脱却することがいかに困難なことがわかる。トッドは、イデオロギー的な観方をとらない。すべて無から論理を構築していく男だ。そのために彼のデモグラフィー（人口動態）という方法がきわめて役に立つ。いずれにせよ、我々の未来は、「幻想」に依存していては拓かれないことは明らかだ。　（亮）

●〈藤原書店ブッククラブ〉ご案内●
▼会員特典は、①本誌『機』を発行の都度ご送付／②（小社への直接注文に限り）小社商品購入時に10％のポイント還元／③送料のサービス。その他小社催しへのご優待等。詳細は小社営業部まで問い合せ下さい。
▼年会費二〇〇〇円。ご希望の方は、入会ご希望の旨をお書き添えの上、左記口座番号までご送金下さい。
振替・00160-4-17013　藤原書店